中華書局

迎接未來的四大能力

家長與孩子一起踏上成功之路

石美寶 李子建 姚偉梅 / 主編

目　錄

導言

還停留在起跑線嗎？

近年，香港的家長熱烈地討論如何協助孩子「贏在起跑線」，因而不惜艱辛，四出搜尋學校資料，並到學校長時間輪候索取入學表格，務求讓子女在各成長階段入讀心儀的學校，接受優質教育。此外，家長更竭力利用課餘時間培養孩子各項知識與技能，為的是使子女日後在社會找到理想的工作，過舒適的生活，可以活出快樂的人生，相信這是普遍負責任的家長疼愛子女的想法。

事實上，相對於歐美國家的個人主義，亞洲文化較着重群體（Kim, Yang, Atkinson, Wolfe, & Hong, 2001; Liao, & Wei, 2014），不論家長和孩子的自我概念或能力感，往往透過群體的比較與競爭經驗逐步建立，正如家長普遍關注子女的學業成績，焦點不在於子女是否已透徹理解或分析所學，而是在於考試名次的先後以確認子女學術能力的高低。當然，這是一種具實證的能力指標，讓家長較容易理解孩子的學術能力。可是，有些聰明的孩子也會用比較的方式回應父母：「今次考試的題目深奧難明，班中有許多同學都只拿取很低的分數。」若從這種比較的說法，孩子在班中的表現也算得過去，父母亦因此較易釋懷。這是孩子的心理防衛讓

自己減低焦慮或好過一點，說穿了，也渴望藉此逃避父母進一步的督責。我們做父母的都在比較與競爭的文化下成長，當成為父母時亦不自覺地將這種比較的方式應用於親子教育。或許，成人大都認為藉着「比較」，能激發上進心，提升學習動機，這對部分高能力的孩子而言可能是奏效的，但他們亦要承受更大的心理壓力以維持競爭力。然而，捫心自問，在班中有多少孩子能名列前茅？又有多少孩子會喜歡被比下去呢？若孩子常常在這學業跑道上感到技不如人，動力漸退時便想離開跑道，有些會轉向更具刺激、更有滿足感的項目發展，有些或會沉溺於網上遊戲或不良活動以尋求成功感。

「贏在起跑線」的論述是建基於比較及競爭的文化，在傳統華人社會中「望子成龍」的心態驅使父母催谷孩子在學術與技能上有良好表現，提升其競爭力。有些父母甚至將子女的學業成績與個人教育子女的表現掛鈎，為子女及自身都帶來沉重壓力（Ng, Pomerantz, & Deng, 2014），令彼此關係常因功課學業的問題而變得緊張，甚至惡劣，難於一時三刻修補，這又何苦？着實可惜！由於社會的氛圍強調競爭，一般父母若對新世代的發展缺乏充分掌握，也許會跟隨大眾方向，這亦是無可厚非的。教育統籌委員會（2019）的《家校合作及家長教育專責小組報告》指出香港有需要改善不健康的競爭文化，讓家長重新思考教育的意義及子女的需要。邁進二十一世紀，資訊科技迅速發展的年代，新一代的孩子不單要在一個班級、一所學校或在學業上獲取成就，優於別人；更重要的是從生命教育的角度，他們需要裝備更全面的終身學習能力，在不斷變革的世代中發揮創意，尋找個人生涯發展的航道，活出有

意義及豐盛的人生。

　　家長們，若我們仍注視於眼前的起跑線，也許只會為孩子增添不必要的重壓，為親子間製造更多隔閡，這結果又豈是盡心愛護孩子的父母預想得到的呢？然而，當我們抬頭遠看，便會發現在二十一世紀的跑道已有所改變，整個世界對人力資源的需求亦不一樣，家長和孩子還要停留在這起跑線上嗎？若要了解新世紀的跑道在何方，且看半世紀以來世界發展的趨勢。

新的跑道在哪裏？要跑步、路跑抑或尋找新的跑道？

　　自七十年代開始，個人電腦引進香港，我們的工作模式開始起了變化，資料較便於儲存及發放。至九十年代由美國推展至全球的互聯網，促使全球的資訊互通急速發展，大大推動了知識型經濟（Knowledge Economy）的發展。透過電郵聯繫世界各地，加速了國際間人際及經貿互通，資訊往來的時間不但縮短了，亦更具彈性，但要與不同時距的地域聯繫，工作時間也許變得更長。此外，學習方式亦變得更自主，人們能從互聯網搜尋最新的資訊，學習已不再局限於傳統由教師或專家傳授的模式，學習者可按自己的興趣及合適的時段搜尋知識。為能掌握最新的知識以回應社會急劇的發展，2000年的教育改革提出要培育終身學習者的理念，不但為裝備千禧年代的孩子，也倡導不同年齡層的人持續進修，以應對未來工作的需求及型態的改變。雖然電腦及互聯網的發展使香港人的工作與學習形態產生變化，但人們仍需仗賴一台電腦在固定的位置進行

各項資訊互通活動。直至二千年後，智能電話的普及與網絡迅速發展為整個世界帶來巨變，人們時時刻刻能透過掌上的智能電話貫通網絡，與世界接軌，完全改變了人們的生活、工作、學習、溝通等模式，跟過去截然不同。

美國學者早於八十年代已提出二十一世紀生涯發展（Career Development）的變化（Arthur, 1994; Briscoe, Hall, & DeMuth, 2006; Hall, & Moss, 1998; Hall, 2004），他們指出傳統的事業發展所強調的忠心及委身於同一機構，透過努力工作向上流動的模式已不復存在，取而代之的是多變的（Protean Career）及無邊界的（Boundaryless）生涯發展。以往我們協助年輕人在求學時尋找合適的專修科目，裝備他們踏上心儀的職業路向。但是，未來各項工種的變化及人力需求存在頗多變數，一些工種可以由人工智能（Artificial Intelligence）取代，又或機構改變營運模式以網絡進行交易活動，亦有公司透過科技發展更龐大的國際貿易網絡，當然還有更多未知悉的新發展正在不斷地影響人們的生涯規劃。因此，新一代孩子並不像大多數家長過去的經驗，畢業後能找到一份「終身職業」，按着人生發展階段，累積工作經驗後逐步向上流動，進入安穩的生活；反之，他們需要適應一個多變的工作世界，經歷不同工作類別及崗位，在不同的機構或地域發展事業，並要裝備自己成為終身學習者（Lifelong Learner），掌握最新的知識與技能，以應對外在的轉變。

近年不時聽到有中學或大學生開展網絡事業，他們運用資訊科技能力及創新意念，以低成本創業。有些年輕人進駐共享辦公室與

人建立網絡，透過互相啟發與協作，拓寬事業發展領域。另一些年輕人坐在家中的沙發或地上，也許進行一些創新工作或用智能電話完成交易，他們正在忙碌地工作並為事業發展打拼。在新的世代，工作環境已不再局限於特定的實體空間，個人工作與身份變得模糊不清，難以下定義；工作時間可以更具彈性，但同時亦難再界定工作與餘暇；工作模式變得更自由、自主，卻難再享受穩定與保障。再者新世代的年輕人在自由往返的互聯網世界中成長，追求更高度的自主，縱然這些不穩定的工作環境會帶來一定的壓力，這也是他們可以接受與適應的。

如果我們用「跑道」比喻「人生」和「生命旅程」，我們也許要問孩子究竟要跑的是一百米、四百米，抑或是馬拉松？人類的壽命愈來愈長，瑞典的數理統計學家Holger Rootzén教授甚至預計在未來二十五年，人類的最長壽命可能會達到一百二十八歲（Rootzén, & Zholud, 2017）。當馬拉松的下半場變成了延長賽，作為家長和社會的一份子，我們要討論的是如何培養下一代，使他們學會「如何跑」及「找甚麼跑道」去豐富自己的人生歷程，亦要協助他們理解該怎樣去看待自己在跑道上的表現。是競賽？是不斷挑戰自己？抑或享受跑步作為一種運動？近年，世界各地掀起馬拉松的熱潮，其實馬拉松有不同類型，也有不同主題，人生也像馬拉松一樣，各適其適。除了「跑步」，「路跑」亦逐漸在人們的生活中流行起來。路跑不但是一種「在開放的道路或山野」進行的運動，更是一種自訂規則的集體性社會參與行為（張烽益，2015）。在瑞典，路跑更演變成實踐與推廣環保的「Plogging」——結合

瑞典語Plocka Upp（撿起）及Jogging（慢跑），參與者會一邊路跑，一邊執拾路途上的垃圾（Sun, 2019）。有謂「路是人走出來的」（這句話源自魯迅先生的〈故鄉〉〔1923〕：「希望本是無所謂有，無所謂無的。這正如地上的路；其實地上本沒有路，走的人多了，也便成了路。」），隨着科技的不斷變革，有很多工種可能會在未來的社會消失，我們應該如何培養、裝備現在的孩子（即未來的年輕人）迎接未來，使他們的生命變得更加多姿多采，這確實值得深思。

　　若家長們能意識到二十一世紀工作世界的發展，便能從宏觀角度思考新一代孩子將會走上一條怎樣具挑戰性且不明確的跑道。縱然我們不能確切預測孩子將來所走的路，至少我們要明白：各位家長過去寶貴的人生經驗只可讓孩子作局部參考，因為新世紀的孩子跟家長們曾走過的跑道實在迥然有別。那麼，父母如何裝備二十一世紀的孩子，讓他們掌握重要能力，使之能屹立於多變的世代，發揮所長，在工作與生活上取得平衡，活出快樂與精彩的人生，亦能為社會作出貢獻，相信這是家長及作者們共同關注的焦點。

掌握主要能力應對新世紀的挑戰

　　從上述所言，資訊科技的發展確實為人類的生活帶來了不可逆轉的變化，要駕馭轉變，就必須認清所需能力，並從小培育孩子，在生活經驗中不斷強化，俾能在面對改變時懷着信心，面對挑戰。過去，香港的家長較着重培養孩子的「硬技能」（Hard Skills），

如不同語言知識、文化藝術技能、數理科技能力等，這些技能均可從不同課程習得，並較能量化與評估。當然，每個孩子皆有其獨特的潛能，讓孩子掌握這些技能確實有助他們發展個人興趣及強項，提升自信心，並為日後發展奠下基礎。然而，家長往往忽略了或許在孩子成長中更重要的「軟技能」（Soft Skills），或稱作人際與溝通能力。在全球化的發展下，不同文化與地域的人際往來愈趨頻繁，這些技能更顯重要。人際與溝通能力並非單靠課程便可習得，而是需要在生活中逐步認知，透過不斷實踐、反思後再嘗試，方可逐漸掌握並趨向成熟（李子建、姚偉梅和許景輝編著，2019）。因此，作為二十一世紀的家長，確有必要了解當代所需的主要能力，方能有效促進孩子成長，馳騁於充滿挑戰的新世代。

參考了經濟合作及發展組織2030學習架構（Howells, 2018; OECD, 2005, 2018），Partnership for 21st Century Skills（2006）所制訂的二十一世紀能力架構，以及有關國際機構對生活技能學習的研究報告（Schoon, Nasim, Sehmi, & Cook, 2015；United Nations Children's Fund, 2012），這些架構與報告均列舉多項在二十一世紀人們所需的主要技能。雖然分類不盡相同，但當中大致涵蓋認知及學習能力、自我覺察及管理能力、人際合作與溝通能力、生涯發展的相關能力等。當然，若孩子在早期能開始學習並在成長階段逐步掌握這些重要技能，將有助他們建立正向自我概念、和諧的人際關係及應對外在轉變的能力，對個人心理健康有重要及長遠的影響。

本書會聚焦於四方面的主要技能，包括：（一）終身學習的基

本能力、（二）自我管理的基本能力、（三）自省與人際溝通的重要能力及（四）向未來世界進發的重要能力。第一部分是「終身學習的基本能力」，包括自主學習、目標訂定、專注力及語文能力。承上文所說，在知識與科技高速發展的年代，唯有終身學習者才能與時並進，不會被社會淘汰。因此，培養自主學習能力，並能為個人訂定目標，將會為日後的成就立下基石。可是，現今孩子的生活中充滿着各種官能刺激，要促進他們有效學習，專注力的培養就變得不可或缺。同時，為能與世界各地的人們往來或在網絡上溝通，掌握口語及書寫的語文能力比以往更形重要。第二部分是「自我管理的基本能力」，當中包含自律自控、時間管理、適應力及抗逆力。近年，香港社會曾對「港孩」現象作廣泛討論，政府亦就許多青少年輕生個案作深入研究，這些現象反映生命教育，以及當代孩子的自我管理與抗逆能力需更被關注。在智能電話普及的年代，若孩子培養出自律自控的能力，便能在不同成長階段聚焦於關鍵的發展項目，加上適當的時間管理，學懂分辨事情的緩急輕重，他們便能有效達成所訂目標，獲取更大成就及滿足感。除了管控個人的生活，在瞬息萬變的社會中，在大城市生活及較安穩的一代比從前的人們更需要加強適應及抗逆能力，以準備面對未來的各種挑戰。第三部分是「自省與人際溝通的重要能力」，內容包括自省能力、關懷別人、團隊合作及處理衝突。對個人言行的覺察與反思能力是建立良好人際網絡的基本要素，當人能對自身作出省察，便更有能力洞察別人的情緒、想法或需要。在全球化及科技發展的推動下，個人主義在不同地域蔓延，人們既要保存自我與自主，同時亦需懂得

關懷別人，好能在個人發展及貢獻社會作出平衡。此外，具備團隊合作及處理衝突的軟技能將有助開拓個人更廣闊的人際網絡及發展空間。第四部分是「向未來世界進發的重要能力」，主要課題有理財能力、企業家精神、解難能力及創意思維。當社會逐步發展，人們生活漸趨富裕，如何管理資產或投資未來已是歐美國家在早期教育的重要議題。由於新世代的青年在生涯發展趨向多元，有更多人會以不同的方式開創個人事業，因此，具備企業家的冒險精神，願意勇敢嘗試，並能運用解難能力及創意思維去尋找新路徑，回應難以預測的境況，他們便更有能力跨越二十一世紀的各種挑戰。

給孩子翅膀翱翔天際

本書目的旨在透過家長日常管教孩子的生活事例或青年人的一些情況，引發家長反思孩子及青少年在二十一世紀所需的各種生活技能。本書會以不同的教育孩子事例，闡述由幼兒至青少年不同成長階段，一些簡單而有效的管教或管理孩子方式，培育孩子建立各種良好習慣與生活技能。當中亦會論及管教行為背後的理念，好讓家長們有更清晰目標，裝備新世代孩子在各方面的能力，回應二十一世紀社會急速發展的需求，邁向全人發展並踏上成功之路。

本書的作者均為香港教育大學的學者，各有專長，透過教學及學術研究，對兒童及青少年的成長需要有確切掌握。在生活中，我們同時擔當父或母職，深明讀者在教養孩子的歷程中面對的各種挑戰與感受。作者們相信每個孩子都是具潛能及可塑造的，因此，

我們以教育及心理學等理論，應用於育兒過程中，透過不斷實踐、反思及修正的管教方式，也汲取他人的經驗，逐步建構親職教育的原則，不單協助孩子發揮所長，更建立良好的親子關係，在人生不同階段陪伴子女成長。我們亦從宏觀視角前瞻社會及世界發展的趨勢，希望將有效的教養子女經驗及新方向與讀者分享。

今天，我們看見在孩子前面的不再是一條狹隘的跑道，而是一個偌大的天空，若要讓孩子找到自己的航道，我們需要裝備孩子在二十一世紀所需的生活技能，給他們翅膀，具備能力翱翔天際。

本書出版之際，我們在此感謝參與本書的作者和負責資料整理的林嘉儀女士，並感激中華書局（香港）有限公司全人的專業協助。

石美寶、李子建、姚偉梅

參考資料

Arthur, M. B. (1994). The boundaryless career: A new perspective for organizational inquiry. *Journal of organizational behavior*, 15(4), 295-306.

Briscoe, J. P., Hall, D. T., & DeMuth, R. L. F. (2006). Protean and boundaryless careers: An empirical exploration. *Journal of vocational behavior*, 69(1), 30-47.

Hall, D. T. (2004). The protean career: A quarter-century journey. *Journal of vocational behavior*, 65(1), 1-13.

Hall, D. T., & Moss, J. E. (1998). The new protean career contract: Helping organizations and employees adapt. *Organizational dynamics*, 26(3), 22-37.

Howells, K. (2018). The future of education and skills: education 2030: the future we want. Working Paper. Paris: OECD.

Kim, B. S., Yang, P. H., Atkinson, D. R., Wolfe, M. M., & Hong, S. (2001). Cultural value similarities and differences among Asian American ethnic groups. *Cultural Diversity and Ethnic Minority Psychology*, 7(4), 343.

Liao, K. Y. H., & Wei, M. (2014). Academic stress and positive affect: Asian value and self-worth contingency as moderators among Chinese international students. *Cultural Diversity and Ethnic Minority Psychology*, 20(1), 107.

Ng, F.Y., Pomerantz, E.M., & Deng, C. (2014). Why are Chinese mothers more controlling than American mothers? "My child is my report card". *Child Development*, 85(1), 355-369.

Organization for Economic Cooperation and Development (2005). *The definition and selection of key competencies: Executive summary*. Paris, France: OECD.

Organization for Economic Cooperation and Development (2018). *The future of education and skills Education 2030: The future we want*. OECD.

Partnership for 21st Century Skills (2006). A state leader's action guide to 21st century skills: A new vision for education. Tucson, AZ: Partnership for 21st Century Skills.

Rootzén, H., & Zholud, D. (2017). Human life is unlimited–but short. *Extremes*, 20(4), 713-728.

Schoon, I., Nasim, B., Sehmi, R. and Cook, R. (2015). *The impact of early life skills on later outcomes: Report for the OECD (Early Childhood Education and Care)*. OECD.

Sun, P. (2019, Feb 16). Plogging–the new Swedish fitness trend that combines exercise with environmentalism comes to Hong Kong and here's how you can join in. *South China Morning Post*. Retrieved from https://www.scmp.com/news/hong-kong/health-environment/article/2186314/plogging-new-swedish-fitness-trend-combines.

United Nations Children's Fund (2012). *Global Evaluation of Life Skills Education Programme*. New York: UNICEF.

李子建、姚偉梅、許景輝（編著）（2019）：《21世紀技能與生涯規劃教育》，台北：高等教育出版公司。

魯迅（1923）：《吶喊》，北京：新潮出版社。

教育統籌委員會（2019）：《家校合作及家長教育專責小組報告》，香港：教育統籌委員會。

張烽益（2015年6月1日）：〈「路跑」的資本主義：台灣的馬拉松狂潮是因為22K崩世代需要建立自信？〉，取自：https://www.thenewslens.com/article/11049。

學 習 的 基 本 能 力

自主學習

鄭穎怡博士

用獎勵推動子女學習是否有效？

常聽到一些家長説孩子讀書懶洋洋，對學習提不起興趣，做甚麼事都「慢三拍」。亦聽到一些家長説孩子在年幼時對周邊事物充滿好奇，喜歡探索，長大後卻愈來愈缺乏學習動機，甚至討厭學習。回想一下，你用甚麼方法推動子女學習？有否對子女説過類似以下的話呢？

> 「只要你完成這一頁工作紙，我便獎你一顆糖。」（幼稚園階段）
>
> 「只要你今次測驗有九十分，我就讓你在麥當奴舉行生日會。」（小學階段）
>
> 「只要你今次期考能考獲首三名，我便帶你到日本旅行。」（小學／中學階段）

我們喜歡用獎勵鼓勵孩子用功讀書，但是，這些獎勵背後蘊藏着深遠的負面影響。當拿取好成績是為了得到父母的獎勵時，一旦獎勵不再出現或獎勵失去了價值，孩子便不再努力溫習。我聽過一

個幼稚園學生對父母說：「我不想吃糖了，我能不做工作紙嗎？」亦曾遇過一個中學生，他小學時品學兼優，對父母言聽計從，但升上中學後便沒有學習動力，他說：「我不喜歡父母『要脅』我讀書，那些獎勵現在對我來說已經沒有甚麼意義！」

作為父母，我們當然不是存心「要脅」孩子，但把學習與獎勵掛鈎，容易令他們把學習看成獲得獎勵的手段。要推動子女持續地用功學習，學習動機必須是由個人內在所推動而非單靠外在的因素。「內在動機」是指發自內心的求學精神和追求自我進步的渴望。在二十一世紀急速發展的社會，我們必須培養孩子自主學習的能力以達至終身學習，而不是利用各種獎勵或懲罰手段，威迫利誘孩子跟從我們的指示。我們應從小向孩子灌輸正確的學習態度，讓他們知道學習是個人責任，而非只向父母交代。

不同學者曾就如何培養自主學習作深入研究（e.g., Schunk, & Greene, 2017; Zimmerman, 2013）。在眾多理論中，心理學家Ryan和Deci（2017）的自決理論對自主學習背後的心理機制有獨到的分析。根據自決理論，有三個因素能有效推動孩子的內在學習動機，培養自主學習。這三個因素即能力、自主和關係。在教養子女的道路上，假如我們能協助他們強化這些關鍵要素，子女便能學會自主學習，並能享受學習。

賦予子女「能力」處理事務和作自我監控

要培養孩子自主學習的能力，我們需要時刻賦予他們信心，

讓他們相信自己有能力處理個人事務和作自我監控。從幼兒時收拾玩具，到在學時收拾書包和做功課，再到自行溫習，循序漸進地培養孩子的責任感和自立能力。有些父母喜歡坐在孩子身旁陪伴他們做功課，但這樣做會令孩子變得依賴，反而增加他們對學習的無力感，削弱自信心。要培養子女自主學習，我們可鼓勵他們盡力自行完成所有功課，如有需要再尋求協助。我們可安排一個寧靜的環境，遠離玩具或其他妨礙專注的事物，讓孩子專心致志做功課。書桌上可放有字典或其他相關書籍，以便他們隨時查閱。我們應鼓勵孩子在過程中自行動腦筋解題，主動尋找答案。如孩子能在指定時間內完成所有功課，他們便可自行利用餘下的時間休息、遊戲或做運動。這樣，孩子便有動力盡快完成功課，以便享受自由時間。雖然他們有時未能在指定時間內完成功課，或未能解決一些功課上的難題，但他們在過程中曾付出努力，嘗試自行解難，並學會獨立思考和紀律，這些積極的學習態度對提升孩子的自主學習能力十分重要，父母不單要加以肯定，也應從小培養。

當子女能自行完成功課，父母可進一步鼓勵孩子自行溫習。例如在默書時，把背默內容背誦後，自行默寫及核對，然後再作改正；溫習作業時，把原有的答案覆蓋，然後自問自答；做練習時，可計算所用時間，並在完成練習後自行核對答案。假如子女在溫習過程中遇到困難向我們請教，我們不需急於給予答案，而應引導他們思考，讓他們逐步想出解決問題的辦法。我們應鼓勵子女自訂溫習計劃和時間表，讓他們監察自己的進度，並在有需要時訂立改善計劃。我們亦可鼓勵孩子多留意時事及學習課外知識，把有用

的資料用紙筆記下，通過整理及書寫資料，有助加深記憶，促進學習。在學習的過程中，孩子逐漸學會自主，對自己能掌握知識而感到滿足。

在子女能力範圍內，父母可適當地調節對孩子的要求，但期望必須是合理的，否則只會削弱孩子的學習動機，並加重他們的心理壓力和負擔。要令子女自主學習，必須賦予他們學習的能力和信心，只要孩子相信自己能做得到，逐步建立自信心，便能擁有心理健康。孩子的心理素質愈高，自主學習能力及內在學習動機便愈高。

強化子女面對失敗的「能力」和勇氣

在自主學習的過程中，子女難免會遇到挫折而感到氣餒。父母必須讓子女明白挫折和失敗是學習過程的一部分。我們可與孩子分享自身的失敗經驗，讓他們感受到失敗並不是他們獨有的，因此毋須逃避失敗。要幫助孩子面對並跨越失敗，我們必須讓孩子相信他們有能力控制及改變結果。當子女有信心作出改善，他們便能持續自主學習，遇挫而不折。

我們或許都曾欠帶功課，被老師在手冊上留有欠交功課紀錄。很多孩子會為此事耿耿於懷，我曾聽過一個小一生說：「我覺得自己沒用，全班只有我一個人欠交功課！」遇到這些小挫折，我們可與孩子討論及分析欠帶功課的原因，例如是否沒有寫好手冊，是否沒有把功課放好等，並讓他們明白這些原因是他們能力可處理的。

我們要與孩子討論改善的策略，例如善用月曆表或預早在手冊上寫上提示等。這樣，讓孩子從事件中勇敢面對挫折，積極改善而非自貶或埋怨，孩子便會相信自己有能力處理個人事務，亦會比以往更小心謹慎。

面對成績退步，孩子難免感到氣餒。很多孩子覺得作文甚具挑戰性，面對作文成績不理想，我們可與孩子仔細看看該篇文章，歸納分數低的原因，並引導孩子相信他們有能力作出改善。例如針對文章內容貧乏，我們可鼓勵孩子對身邊事物多仔細觀察，並把觀察記錄下來。在親子時間，父母可與子女輪流分享一些上學及上班的趣事和苦事，過程中盡量豐富內容。我們亦可鼓勵孩子多閱讀一些優秀的文章，欣賞別人秀麗的文筆和豐富的詞彙。我們不應期望孩子的成績在一瞬間能突飛猛進，重點是要賦予他們學習的能力和信心。只要孩子相信自己能做得到，他們便會持續用心學習。每當他們在付出努力後得到進步，即使是很小的進步，我們都應給予鼓勵，例如說：「媽媽看到你這次作文有進步，我相信你一定已用心閱讀，你確實做到了。」當子女對自己的進步感到滿足，他們便會有內在動機持續學習。

每個孩子都是獨特的，必然有其強項與弱項。把孩子的弱項說成沒有天分，只會加強孩子的無力感，削弱他們的學習動機。要培養孩子自主學習，我們必須強化他們面對失敗的能力和信心，令他們勇於接受挑戰，努力不懈，堅持學習。

鼓勵「自主」，讓孩子做決定並承擔後果

在成長的過程中，每個人都必須面對不同的人生交叉點。讓子女盡早參與討論及決策，能有效提升他們的分析力及自主學習能力。在孩子初上小學時，父母可與他們一起討論作息時間，然後便是學習與課外活動的編排，以至周末家庭聚會的安排等。升中學時，父母可協助子女了解不同學校的特色，參與討論選校、選科、升學及就業事宜。我們不宜事事為子女作決定，而應讓他們多參與和多表達意見。這並不代表我們讓孩子任意作無理決定，而是隨着他們的心智發展逐步賦權，讓他們學習適當地運用自主決策能力。當子女年紀尚小，思想還未成熟，父母宜訂立規範，與他們一起分析及從旁給予支援。隨着子女年紀漸長，他們便有足夠的分析力，為當前的情況作全面評估並作明智決定。讓子女參與決策可加強他們的責任感，對自己所作的決定會抱有一份堅持和能耐，內在學習動機亦得以強化。

有時候，子女的課外活動比賽剛好在學校的考試周舉行，是否參加比賽成為父母與子女間的角力。有些父母乾脆說「不」，擔心孩子參加比賽會減少了溫習的時間，影響考試成績。但這樣做會削弱子女的自主學習能力，亦會破壞親子關係。我們可對子女是否參加比賽持開明的態度，先讓他們表達意願，再一起討論及分析不同選擇的利弊。假如孩子堅持參加比賽，我們可與他們約法三章，討論預早準備考試的安排，並提醒他們要好好分配溫習時間。假如考試成績因參加比賽而受影響，下一次得要重新考慮是否再參加比

賽。根據經驗，很多孩子都會對父母的支持和信任表現欣喜，而他們亦樂意遵守承諾，用心溫習。孩子在經過深思熟慮後為自己做決定，並勇於為這個決定承擔後果，自主學習能力便得以提升。

建立親子「關係」，讓孩子感受無條件的愛

孩子從幼兒時依賴父母，到長大後獨立自主，學習過程困難重重。孩子必須得到父母的支持、愛護及體諒，才能建立安全感和自信心，並發展出自主學習的能力。我曾遇過一些孩子只願重複做一些他們有能力做的事，例如重複彈奏相同的樂曲，而不學習彈奏新樂曲；或重複用同一種泳式游泳，而不學習另一種泳式。這些孩子不願意冒險學習新事物，只因他們害怕失敗，亦沒有勇氣面對挫折。

要讓孩子有安全感，父母的愛必須是無條件的。在考試結果公佈的前一天，孩子有點兒緊張，他問媽媽：「如果我只考得六十分，你還愛我嗎？」媽媽立刻點頭，抱緊孩子，並告訴孩子無論他的成績有多不濟，媽媽仍然深愛着他。這就是無條件的愛。孩子對媽媽的肯定感到如釋重負，心情變得放鬆。我有時聽到一些父母說：「你那麼頑皮，我不要你了！」「你默書再不合格，便不要回家了！」這樣，愛就變得有條件。孩子會認為只有表現良好時，父母才會愛他多一點；當表現不佳時，自己就變得沒有價值，不值得為父母所愛。有條件的愛令孩子缺乏安全感，他們容易擔驚受怕，擔心自己表現不好會得不到父母的愛。當孩子缺乏安全感，便不能

獨立自主。有安全感的孩子會願意冒險嘗試，接受挑戰，並有信心跨越失敗，勇往直前，持續自主學習。我們需時刻對孩子的努力表示肯定，並強調學習過程比結果重要。

給家長的話：

1. 要推動孩子自主學習，學習動機必須是內在的，而不是外在的。
2. 強化孩子自主學習的三個因素：能力、自主和關係。
3. 賦予孩子「能力」和信心，讓他們處理自己的事務，培養責任感和良好的學習態度。
4. 讓孩子相信他們有「能力」控制及改變結果，令他們勇於面對及跨越失敗。
5. 隨着孩子的心智發展逐步給予「自主」，讓孩子參與討論及決策。
6. 建立親子「關係」，給予孩子無條件的愛，有安全感的孩子會願意冒險嘗試，持續自主學習。

參考資料

Ryan, R. M., & Deci, E. L. (2017). *Self-determination theory: Basic psychological needs in motivation, development, and wellness.* New York: Guilford Press.

Schunk, D. H., & Greene, J. A. (Eds.) (2017). *Handbook of self-regulation of learning and performance* (2nd ed.). New York: Routledge.

Zimmerman, B. J. (2013). *From cognitive modeling to self-regulation: A social cognitive career path.* Educational Psychologist, 48, 135-147. doi:10.1080/00461520.2013.794676

目標訂定

鄭穎怡博士

學習的目標是甚麼？

我們喜歡讓孩子參與不同的學習活動，背後的目的是甚麼？例如我們讓孩子學鋼琴，目標是希望孩子考獲證書還是從學習中享受及欣賞音樂？又還是希望兩者兼得？不少父母期望孩子在升讀中學前考獲八級鋼琴，為達成目標，孩子在學習鋼琴期間着重練習考試範圍內的樂曲演奏及掌握相關音樂知識，而忽略考試範圍外的學習。最終孩子成功考獲八級鋼琴，但長時間重複練習相同的樂曲令孩子感到厭倦，孩子對鋼琴及音樂興趣不大，音樂造詣亦不高，升讀中學後便沒有再彈鋼琴了。當然這只是個別例子，有些孩子熱愛音樂，並能在考級的過程中獲得成功感，表現卓越。我認為爭取表現與享受學習過程這兩個目標在本質上並不對立，重要的是我們如何從中取得平衡。對大部分孩子來說，要在升讀中學前考獲八級鋼琴具有一定難度，假如我們在孩子身上強加這些「表現目標」而忽略培養他們對音樂的興趣，最終或令他們放棄「學習目標」，不願繼續學習。

很多學者就「目標」的分類進行研究（e.g., Higgins,

Kruglanski, & Pierro, 2003; Moskowitz, & Grant, 2009），當中心理學家Carol Dweck（1986, 2017）的目標取向理論甚具影響力。她提及兩大目標取向：以學習為目標（Mastery Goals）和以表現為目標（Performance Goals），不同目標取向對孩子的學習動機有着不同的影響。以學習為目標的孩子着重學習過程和知識的掌握，而以表現為目標的孩子則着重自己是否有好表現。過去的研究告訴我們，相對以表現為目標的孩子，以學習為目標的孩子有較強的內在學習動機。由於他們不太在意自己能力表現的高低，所以當遇到挫折時，仍能勇敢面對並作出改善。他們不斷追求自我進步，並享受學習過程。相反，以表現為目標的孩子聚焦於跟別人比較，有很強的爭勝心。他們較在意自己的能力表現，所以當遇到挫折時，便會較容易退縮及逃避，以免展現自己能力不足。

現在的教育環境競爭激烈，我們都較以往更着重孩子的表現，實屬無可厚非。但重要的是，我們不應過分追求成績和分數而忽略學習本身的樂趣與意義。我認為學習目標取向與表現目標取向兩者並沒有衝突，假如我們能引導孩子明白學習的目的是為掌握知識，鼓勵他們追求自我進步而不是與別人比較，他們便能從中享受學習的樂趣，最終達成表現目標。

避免過度着重表現目標

即使我們沒有刻意強化表現目標，同學之間必然存在比較和競爭。誰是班長？誰被老師挑選參加校外比賽？誰在考試名列前茅？

表現目標無處不在。有些人會説：「有競爭，才有進步。」我認為這句話並不完全恰當。對自信心強的孩子來説，競爭或許能推動他們勇往直前、爭取勝利；相反，對自信心弱的孩子來説，競爭會為他們帶來沉重的壓力，長期表現落後會令他們失去學習動力，並感到無助和絕望。雖然表現目標對自信心強的孩子的負面影響較小，但每個人總有失敗的時候，為了讓孩子有健康的身心成長，我們不宜過度着重表現目標。

在孩子的日常學習中，我們可盡量淡化以表現為目標。例如在檢閱孩子的測驗卷時，應把重點放在孩子需改善的地方而不是分數，亦應避免問及同學的分數以作比較。收到成績表時，我們可與孩子逐一討論各科目的表現是否有進步空間，以及訂立相應改善策略，而不是討論孩子的名次。我們有時喜歡利用孩子的好朋友作為孩子的學習對象，假如用得其所，並無不妥，重點是切忌比較雙方的能力，例如想推動孩子閱讀，我們可以説：「某某説這本故事書很有趣，不如你看看有甚麼有趣的地方？」而不是説：「某某的閱讀能力很好，已看完這本故事書，不如你也試試看？」前者強調故事的趣味性，以學習為目標；後者則強調閱讀能力，以表現為目標。我們亦應盡量避免兄弟姐妹間的比較，例如誰在數學科的能力較好，誰的運動天分較高，或誰較獲長輩喜愛等。為了避免兄弟姐妹間的比較，我們可因應孩子的興趣和能力，讓他們參加不同的活動以發揮所長。我們亦可製造機會讓他們互相幫助、互補不足，讓他們明白每人總有強項和弱項，沒有需要比較。

為誰的目標而奮鬥？

　　有些父母喜歡在社交平台把子女的成就公諸於世，或許他們只是想分享喜悅或公開肯定孩子的努力，但我們需知道這樣做有可能引致負面後果。當子女知道父母喜歡公開自己的成就並為此感到驕傲時，他們會認為爭取佳績不只是為了個人目標，也是為父母贏取面子；可是，當他們遇到失敗時，或會感受到雙重的失望和打擊。他們一方面為自己未能做到最好而感到挫敗，另一方面亦為自己未能達到父母的期望而感到羞愧。他們會認為自己的失敗令父母丟臉，亦令父母難以面對群眾。這些巨大的心理壓力為孩子帶來沉重的負擔，會嚴重影響心理健康。

　　要肯定孩子的成就，我們可以給孩子寫心意卡或便條，告訴孩子我們欣賞他的努力。文字或圖畫的重點不是要表揚孩子所得的成績或分數，而是肯定他們在學習過程中付出的努力和堅毅的學習態度。一家人吃一頓豐富晚餐慶祝完成期終考試，一起郊遊稍稍放下功課的壓力，或坐在沙發上輕鬆談心事，數算孩子近日的良好態度與品格，這些正向經驗能鼓勵孩子繼續向目標進發。即使有時孩子的學習成果未能達到預期水平，但只要他們用心付出努力，我們仍需給予鼓勵和肯定。一些孩子喜歡寫日記，他們總愛把父母的心意卡或便條儲起來，或把難忘的家庭生活細節記錄下來。我曾遇過一個中學生，他把父母送給他的所有字條貼在日記簿上，每當他細閱父母的心意，感覺真摯而實在，心靈的滿足推動他繼續以學習為目標，積極挑戰自己。

強化以學習為目標，讓學習變得有意義和趣味

在學習上，我們很多時會着重如何在測驗或考試中取得高分數，而忽略學習的過程和意義。要鼓勵孩子以學習為目標，我們可以在日常生活中多讓孩子明白追求知識的價值和意義在於自我成長而不是與別人競爭。我們可以用有趣活潑的形式引發孩子的求知慾，讓孩子自主探索，以學習為目標，發掘學習的趣味和意義。例如在孩子初學貨幣的概念時，我們可在家中用真貨幣玩買賣遊戲，以強化學習過程和知識的掌握。在買賣的過程中，能加深孩子對貨幣種類的認識，加強他們的計算技巧，並讓他們從中了解貨幣在日常生活中的運作和重要性。他們更可感受到買賣的樂趣，從而加強他們認識貨幣的動機。我們亦可帶孩子到超級市場和街市買東西，或在外用餐時請孩子幫忙結帳。這些活動能有效展現課本知識的實際意義，當孩子認同學習知識的重要性和對學習產生興趣，他們便會努力不懈，用功學習。

很多科學知識十分有趣，並能應用於現實生活中，例如我們可透過做一些有趣的實驗來探索自然現象，或應用物理知識來解決一些生活上的難題。學習人文學科亦有其意義和價值，例如學習歷史的意義，在於我們能憑着對過去經驗的理解和思考，反思現實社會的利與弊，並對未來作出貢獻。秦始皇是一位在中國歷史上極具爭議性的人物，他的成與敗，為後世帶來極重要的啟示，意義深遠。我相信只要孩子能掌握學習的意義，並從中得到樂趣，他們便會持續學習。

除了掌握學科知識外，我們可引導孩子多觀察身邊的事物，即使是交通工具上張貼的告示、街道上的廣告牌、酒樓的點心紙和餐牌，都是很好的學習工具。如果孩子年紀小，我們可善用這些物件與他們玩認字或尋字遊戲，加強語文能力。我們亦可鼓勵孩子與不同國籍的人士溝通，讓他們體驗學習不同語言的重要性。我們必須鼓勵孩子多閱讀課外書及報章，以增廣見聞。一些有趣的戶外體驗活動，例如參觀天文台、消防局、博物館等，能把課本的知識應用於現實生活中，亦是很好的親子活動。把課本知識與實踐結合，可讓孩子體會學習的意義和趣味，強化學習目標。

每個孩子的學習進度不同，我們必須根據孩子的能力，循序漸進地訂定合理的學習目標。目標需具一定挑戰性，但必須是孩子可達到的。例如我們希望提升孩子的説話能力，可鼓勵他參加朗誦比賽。孩子可先選擇一些簡單的篇章參加規模較小的比賽，待能力及自信心提升後，再參加一些更具挑戰性的比賽。我們必須強調參加比賽的目的不是為了獲獎，而是為了自我改進，學習過程比結果重要。只要學習過程有意義和趣味，最終孩子便能達成學習目標，並能有好表現。

在學習目標與表現目標之間取得平衡

華人社會競爭激烈，有些父母為了讓孩子贏在起跑線，會提早讓孩子學習較深的課程，例如小一生會學習小三課程，小五生則學習中學課程。學習進度因人而異，重要的是在學習過程中，要着重

孩子的思考和理解以鞏固知識基礎，而不是麻木追求表現。假如父母的期望過高，即使孩子很用功仍未能達成目標，他們便會感到無助和絕望。當孩子的自尊心低落，他們便會變得被動及不願學習新知識。二十一世紀社會急速發展，學業成績已不是踏上成功之路的唯一條件。我們必須培育孩子的全人發展，注重孩子的身心健康，在學習目標與表現目標之間取得平衡。

給家長的話

1. 避免過度着重表現目標，不要強調成績和分數，以免為孩子帶來沉重壓力。
2. 鼓勵孩子以追求學習歷程的增益為目標，明白追求知識的價值和意義在於自我成長。
3. 訂定合理及具挑戰性的目標，讓孩子循序漸進地作出改善。
4. 在追求表現的同時，要讓孩子享受學習的樂趣，在學習目標與表現目標之間取得平衡。

參考資料

Dweck, C. S. (1986). Motivational processes affecting learning. *American Psychologist*, 41, 1040-1048. doi:10.1037/0003-066X.41.10.1040

Dweck, C. S. (2017). *Mindset: Changing the way you think to fulfil your potential* (updated edition). London, UK: Little, Brown Book Group.

Higgins, E. T., Kruglanski, A. W., & Pierro, A. (2003). Regulatory mode: Locomotion and assessment as distinct orientations. *Advances in Experimental Social Psychology*, 35, 293-344. doi:10.1016/S0065-2601(03)01005-0

Moskowitz, G. B., & Grant, H. (Eds.) (2009). *The psychology of goals*. New York: Guilford Press.

專注力

鄺銳強博士

專注──學習成敗的關鍵

大家有沒有見過孩子做家課時，一邊看手機一邊聽歌，遲遲未能完成作業？又有沒有試過在家長日時，班主任告訴你孩子上課時極不專注，學習成績未如理想？

從事教育工作三十多年，我發覺專注力是學習成敗的關鍵。學業成績驕人的學生，一般具備良好的專注力，上課專心、用心聽講，明白課業的要求。相反地，學業成績欠佳的同學一般都是專注力不足，上課時沒精打采，對老師的說話置若罔聞，左耳入、右耳出；輕則欠交功課，重則忘記一些重要的學校活動安排，在學習上難有成效。

鄭昭明（1994）指出專注力與學習息息相關，圍繞在我們周遭的訊息如果不被注意，將很快地從我們的感覺系統消失，更談不上能儲存在長期或短期的記憶系統。專注力除了影響記憶，亦影響孩子學習時的投入度和持續性。學習投入、持續不放棄，學習成效自然更大。專注力就像一條鑰匙，能幫助孩子開啟學習的寶庫，邁進學業成功的康莊大道。

專注不就是「坐定定」嗎？

我常常聽老師對不專心的學生說：「坐定定，不要東張西望。」但是專注就等於「坐定定」嗎？「坐定定」只是代表學生坐姿端正，和專注與否沒有必然關係。專注力其實被一些家長曲解了，專注力指心並持續地進行活動，不會被外在環境影響的能力。綜合學者對培養孩子專注力的不同側重點（陳禮棠、鍾慕蘭，2004；許正典、林希陶，2010；楊文麗，2013；Thorbrietz，2016），孩子在學習時經常用上的專注力主要有以下三種：持續性專注力（Sustained Attention），指能持續並專注於一件事情；選擇性專注力（Selective Attention），指能專注於特定的事情上，不被紛繁的外在訊息干擾；轉換性專注力（Alternating Attention），指有目的地把專注力從一件事情轉移到另一件事情。

假如我們只是要求孩子「坐定定」，從沒有探究孩子不能安坐的原因，亦未能理解專注力對孩子學習的影響，相信很難成功培養他們的專注力。孩子不能安坐的成因很多，如事情的趣味性、環境因素等。此外，如果孩子無法控制住自己的行為，或可能患上「注意力失調及過度活躍症」（Attention Deficit and Hyperactivity Disorder; ADHD），家長須向專業人士求助。

讓專注成為遊戲

許正典、林希陶（2010）認為透過遊戲，能令學習專注成為

有趣的事，並設計了多種培養孩子專注力的遊戲，包括物品躲藏、尋找數字、尋找符號等，供家長參考。在我的育兒經驗中，透過遊戲確實能有效地培養孩子的專注力。在女兒一歲多的時候，我會挑選一些有助培養幼兒持續性專注力的玩具和她一同玩耍，例如要求幼兒集中注意力才能把小珠滑落目標洞穴的「走珠迷宮」。培養女兒的持續性專注力之餘，我曾嘗試用觀察遊戲培養她的選擇性專注力。還記得大概是女兒三歲的時候，每天早上我會抱着她乘搭保姆車回幼兒中心。望着窗外，我每天都會給女兒一個觀察任務，如「可不可以告訴爸爸有甚麼是紅色的？」，女兒接收到指示後，便會努力找出紅色的東西，答「車車」或「衫衫」。雖然每天參與相同的遊戲，但女兒不感到厭倦，因為觀察任務可以有許多不同的變化，從顏色、形狀到人物，令她感到很富挑戰性，女兒不知不覺間擁有很強的選擇性專注力，能從繁雜的事物中找出觀察重點。

我相信不少家長都有給孩子說故事，但在親子說故事分享會中，不少家長告訴我他們僅視說故事為加強親子關係，或提高孩子聆聽能力的方法，不曾嘗試把說故事用作與孩子互動的遊戲，藉此培養孩子的專注力。從幼兒至初小階段，我每天晚上都會給女兒說故事，故事內容是按照孩子的生活經驗和學習需要而自行創作的。例如當天女兒看了一本有關恐龍的繪本，我會給她說一個到遠古探險，與恐龍相遇的故事；如女兒正在學習數學，我會給她說一個有關兩大超市減價促銷的故事。因為故事和生活掛鈎，女兒聆聽時注意力高度集中，從中培養了持續性注意力。說故事後，我會就故事的環境、人物和情節等元素設題，考查女兒對故事內容的理解，藉

此培養她的選擇性專注力。

了解你的孩子，掌握他們的興趣和喜好

在各種專注力中，持續性專注力對學習的成敗起了決定性的作用。學習必須是持續的，否則難見成效。但現實是孩子面對五花八門的誘惑，難以長時間專注於單一事情。孩子的年紀愈小，專注力的持續度愈低，父母該及早想辦法提升孩子的持續性專注力。

一般來說，人們會專注於感興趣的事物，故此，了解孩子的興趣和喜好非常重要。近年，「贏在起跑線」這句話常常掛在許多父母嘴邊。他們為了替孩子鋪排一條成功捷徑，把孩子的課餘學習安排得滿滿的，如音樂、舞蹈、繪畫、球類……希望孩子能文武雙全，讓亮麗的履歷成為升上心儀學校的敲門磚，罔顧孩子的興趣和能力。由於活動並非孩子喜好，孩子在學習上難有投入感，亦難以培養他們的專注力。

只有回應孩子學習興趣的活動，才能培養他們的持續性專注力。以閱讀為例，不應強迫孩子閱讀家長認為有益和有用的書本，應盡量放手讓孩子按興趣來選擇，才能讓他們閱讀時專注、投入。從幼兒階段開始，我一直讓女兒自由選擇閱讀材料，不論幼兒階段的繪本、小學階段的動物故事書、初中階段的推理小說，只要她喜歡的我都會陪她看。

同樣地，我從不會強制女兒參與不喜歡的課餘活動，她參與的學習班全是自己挑選的。還記得女兒年幼時看過一本關於芭蕾舞的

繪本，説希望學習芭蕾舞，我便作出相應安排。女兒對芭蕾舞有很大興趣，學習時非常專注，因此能完成老師提出的各項學習要求。

在初中階段，女兒愛上了日本推理小説，希望學習日文，我便讓她報讀日文課程。看着她集中精神在溫習日文課本時，我確信學習興趣是持續性專注力的基礎。

從生活中學習專注力

能結合生活的學習是最有效的，家長應嘗試培養孩子從生活中學習各種專注力。還記得在幼兒階段，女兒很喜歡到主題公園遊玩。她最喜歡的機動遊戲是小飛象，每次總要我抱着她排隊輪候。由於輪候時間很長，有個別家長會在排隊過程中抱怨，甚至對身邊的孩子大發脾氣，如説：「以後不會再和你乘小飛象，排五十分鐘才能玩上兩分鐘，太不划算了。」相反地，我會利用排隊的時間培養女兒的選擇性專注力，如問她紫色的小飛象轉到甚麼地方，乘坐紫色小飛象的有哪些人等。

在小學階段，我會陪同女兒參與一些有助培養持續性專注力的活動，如釣魚和放風箏等。舉釣魚為例，女兒須學習如何感受魚兒覓食的過程，在關鍵的一瞬間把魚釣上來。在釣魚的過程中，如未能持續地保持專注，相信難有很大收穫。除了釣魚和放風箏，電子遊戲亦有助培養孩子的持續性專注力。不少家長視電子遊戲如洪水猛獸，但只要善加利用，電子遊戲也能成為培養孩子持續性專注力的好工具。不少電子遊戲需要高度專注力才可以完成任務，在遊玩

過程中，持續性專注力不可或缺。當然凡事有利有弊，家長須訂定玩電子遊戲的規則，如為遊玩時間設限，避免孩子沉迷。

在持續性、選擇性和轉換性三種專注力中，轉換性專注力無疑是較難培養，家長要孩子養成「讀書時讀書，遊戲時遊戲」的習慣一點也不容易。孩子一般未能有目的地把專注力從一件事情轉移到另一件事情，結果是讀書時記掛遊戲，未能專心；遊戲時擔心讀書，無法盡興。

在孩子的學習和生活中，注意的轉移是重要的，家長應該利用影響注意轉移的因素來指導孩子（吳忠魁、健生、凌豔，2000，40）。影響注意轉移的因素有很多，其中主要是對原先注意事物的興趣太強，未能減退。因此，要求孩子把注意力從一件事情轉移到另一件事情時，家長必須給孩子時間調適。在我的育兒經驗中，轉換性專注力須配合時間管理來培養。從幼兒階段開始，我便教導女兒分配時間的方法。以玩遊戲為例，女兒須專心完成遊戲甲，休息片刻，才可以轉玩遊戲乙。到了中學階段，每當遇上學校的考試和測驗周，我會鼓勵女兒訂定一個溫習時間表，按需要安排各科目的學習時間，其中包括休息和消閒時間。由於時間表是女兒自行訂定的，一般會較易於執行。藉着溫習計劃，女兒學會有目的地把專注力從一個科目轉移到另一個科目，從中掌握轉換性專注力。

讚美的重要

不少家長仍持有傳統「嚴父出孝子，慈母多敗兒」的育兒觀，

為求子女成材，往往以嚴厲的形象管教孩子，不斷責罵，打擊孩子的自信。為了好好地培養孩子的專注力，家長不能吝惜讚美；讚美能讓孩子獲得正能量，明白專注能獲父母嘉許。

讚美孩子時，我們不能說得空泛，應具體明確地把孩子值得欣賞的地方說出來，如：「爸爸欣賞你專心做功課，能在半小時內完成這份作業真不容易啊！」「你能找出內容不合理的地方，真的很留心聽爸爸說故事啊！太陽怎會由西方升起呢？爸爸剛才不小心說錯了。」「這個溫習時間表真的安排得很好，能兼顧各學科的學習。」

家長若能適當地鼓勵孩子，讚美他們的表現，孩子在得到父母的認同後，會更努力地學會專注，令專注成為處世態度。

讓父母成為楷模

身教重於言教，不斷叮嚀始終不及以身作則。要孩子培養良好的專注力，家長不能說一套做一套，一定要在生活上示範專注的重要。以做家務為例，無論是吸塵、洗地或抹窗，家長必須專心致志，不能輕率。帶領孩子外出遊逛時，亦應表現出凡事專注，如不會一邊看手機，一邊橫過馬路，讓孩子明白持續性專注力的重要。

在生活安排上，家長須善於管理時間，在工作、家庭、娛樂、學習各方面取得平衡，事事專注，讓孩子了解轉換性專注力有助締造美好人生。

培養孩子的專注力一點也不容易，在二十一世紀這個五光十色

的社會裏，孩子很容易迷失方向。但家長須明白專注力對孩子非常重要，用心培養孩子的各種專注力，令他們能從容地面對新世紀的挑戰。

給家長的話：

1. 孩子在學習時經常用上的專注力主要有三種：持續性專注力、選擇性專注力和轉換性專注力。
2. 可透過遊戲培養孩子的專注力。
3. 了解孩子的興趣和喜好，有助培養專注力。
4. 可從生活中培養孩子的專注力。
5. 家長若能適當地讚美孩子的表現，孩子會更努力地學會專注。
6. 身教重於言教，父母須成為孩子的楷模，凡事專注。

參考資料

陳禮棠、鍾慕蘭（2004）：《專注力》，香港：Counselling Playground & Strong Concept Ltd.。

Thorbrietz, P.著，楊文麗、葉靜月譯（2016）：《專注力：幫助孩子更輕鬆有效的學習》（第二版），台北：天下雜誌股份有限公司。

吳忠魁、健生、凌豔（2000）：《專注力培養之道》，台北：正展出版公司。

許正典、林希陶（2010）：《125遊戲：提升孩子專注力》，台北：新手父母出版。

楊文麗（2013）：《專注力訓練，自己來！》，台北：張老師文化事業股份有限公司。

鄭昭明（1994）：《認知心理學：理論與實踐》，台北：桂冠圖書股份有限公司。

語文能力

譚志明博士

隨着二十一世紀網絡化、圖像化的挑戰，語文的使用和學習方式亦有所轉變。例如社交媒體和社交程式的廣泛使用，改變了日常的溝通模式，使溝通變得更依賴文字和圖像。又如網絡資訊的高度發展，讓學生可以隨時隨地學習語文。學生如不懂某中文字的讀音，不需要翻查字典，更不需要像過往一樣，學習部首、數筆劃，只需要上網輸入搜尋，就有「真人發聲」讀出來。現實世界的改變，可能使學習的方式有所不同，但是，語文在生活和學習當中的重要性，並沒有因此而減低。因此家長必須把握孩子學習語文的時機，以面對二十一世紀的挑戰。

中英大不同：認清語文的特質

在香港，小孩主要學習中文（粵語和普通話）和英文，通常稱為兩文三語。奇怪的是，以今天的風氣來說，家長覺得學中文的困難，比學英文大得多。其實兩種語文各有各的特質，因而學習的方式大有不同，多了解兩者的分別，學習起來自然更得心應手。

我們先從英語談起，也許比較容易明白。英文是拼音文字，

二十六個字母表示發音，我們通過聆聽英語的發音就知道意義。因此，我們會先讓小朋友從對話學起，累積詞彙、熟習語法，然後再學字母的拼寫，一如坊間很多幼兒英語中心，都是以對話開始學習，再到拼音（Phonics）。學會了拼寫，就會寫作（把語音用字母記錄下來），看到拼音文字，把文字讀出來，就明白意義。因此，使用拼音文字的國家，教育常強調不用抄寫，以對話、討論等方式學習，因為會說以後，再學會拼寫規則，寫讀可說是無障礙。小孩學習英語，則須從字母的發音開始。先學會A至Z的發音，再學會各種拼合方式的發音，並多對話，日子有功就會有進步。

可是中文卻大有不同，人人會說母語，寫讀卻是大難題。因為中文是表意文字，字形表達字義，如「采」字，上面是爪，下面是木，字形明顯是採摘之義，爪似手形，木像樹形；又如「冊」，本身就像書冊之形。可是，中文字字形跟讀音的關係並不密切，「爪」為甚麼讀「找」？「木」為甚麼讀「目」？似乎都沒有道理，只能記着，字形亦沒有標音成分，字的發音，要一個一個記回來。所以，縱然母語是中文（不論是粵語或普通話），能在口語上對答如流，仍要通過學習字形和讀音，才能閱讀和書寫。中文一字一音，而且同音字很多，筆劃繁複講究，學習中文，每學一個字就要記一個字形和字音。因為中文的特質，任何人在寫作和閱讀方面，都必須經過苦鬥，才能成功。如果我們誤會了中文可以像拼音文字那樣，以說話帶動閱讀和寫作，實在不切實際。中文的說話，能累積詞彙，但累積了也難以「發而為文」。因此，識字認字、抄寫在中文的學習裏似乎不能避免。具體的辦法，則可以把握日常生

活中每一個認讀中文字的機會，先把字形和字音記住，到適合寫字的時候再抄寫。

詞彙的積累

雖然說中文口語與書面語並無緊密的聯繫，但日常口語也有累積詞彙的作用。學會了豐富的詞語，再練習寫字，對書面語的表達亦有一定幫助。說話好像是習以為常的活動，我們每天都在說母語，大抵以為很足夠了，可是還是有些小竅門，可讓我們的表達能力提升一下。

日常談話，比較輕鬆隨意，我和女兒說話則有一個規則，到現在她已經六歲了，還嚴格遵守，就是不能說「嘢」字。女兒一聽到我說「嘢」，就會說：「你頭先講咗嗰個字！」不能說「嘢」，就是因為「嘢」可以代替很多東西，造成語言的惰性；再者，不能用「嘢」，就是要求她想出適合的詞語來代替「嘢」。實驗結果告訴我，這是很好的詞彙累積和訓練。成年人很習慣說「嘢」，例如我們會聽過同事說：「呢單嘢真係好咩嘢囉！」在適當的語境下，還是能夠溝通的。但是，小朋友如果常說「嘢」、「咩」來代替說話，就少用了很多詞彙。孩子下課，家長通常會問：「你今日喺學校學咗乜嘢（學習內容）？」還有「你跌咗嘢（枝筆）！」「地下有隻嘢（昆蟲）爬爬吓。」「食咗嘢（早餐）未？」總之「好多嘢」，「嘢」是甚麼呢？我們要求孩子說話準確，詞彙要豐富，也要求自己用準確、豐富的語言，這樣孩子就會「學到嘢（怎樣

說話）」。

　　假如平日「無咁多嘢（說話）同小朋友講」，那就說故事吧。幼兒的故事書，只有幾個字，甚至沒有字，那就要靠家長自己插科打諢、加鹽加醋，增加孩子的詞彙量。故事書有不同的題材、語料，超出日常的語言範疇，不但可豐富詞彙，更可提高想像力，為孩子帶來適當的刺激。詞彙教學的目的，就是希望能運用詞彙進行得體的交流（閻玲，2018），因此要加緊注意學習者詞彙的累積和運用。

　　詞彙貧乏的情況，同樣見諸青年人。社交網絡、表情符號的盛行，使年輕人的表達趨向簡化，例如任何情況都可以按「讚」（豎起拇指符號）或給一個「猴子掩面」的符號來表達。為改善這個情況，我們和年輕的孩子使用社交程式時，可以約定大家都不用表情符號，用文字來溝通，這樣同樣可使年輕人想出相應的詞彙或書面語來回應溝通，從而累積史多詞彙。

善用語言環境

　　眾所周知，能言善道的「中文人」，也可以不擅長甚至不能閱讀，因此學習中文，認字十分重要。可幸的是，我們生活在舉目皆是中文的香港社會，日常生活中已有豐足的語言環境，只要我們多加利用，自然事半功倍。我們當然不贊成在太小的時候抄寫，但認字是必須的、優先的。小時候我有一個很好的經驗，也許可以在此分享。家父的中文大概是初中程度，能讀報，能簡單書寫，談不

上有很高的中文造詣（作文也許不會）。小時候爸爸在街上每到一處，都指着那裏可見的中文字叫我讀，例如「提防碰撞」、「不可隨地吐痰」等，下次再經過，又再提問；印象最深的是回家的路上有所「人民入境事務處」，這幾個字爸爸問了好多次。這個兒時回憶，告訴我們中文其實無處不在，只要理解到認字的必要，把握日常生活中的機會，餐牌、招牌、單張……無一不是學習的對象，中文字是要記着的，這點絕不可忽視。

　　在家裏我們也可創造經常能認讀中文字的環境。例如張貼海報、金句、名言雋語、書法條幅等，甚至過年時的「揮春」，也是學習的材料。在朋友的家中，總會看見張貼學習英語的學習海報，但甚少見到有人張貼「讀萬卷書不如行萬里路」等座右銘。其實現代科技發達，列印一兩張貼在枱頭認認字，兩三天就換一下，日積月累，自然就習慣了看中文字。在教小朋友認字的過程中，還要注意一點：對中文為母語的孩子，認字其實沒有嚴格的學習階段，甚麼是「深字」？甚麼是「淺字」？所謂深淺，很多時是多用或少用、筆劃多少的意思，假如小朋友姓「龐」，這個對他來說是常用字，所以很「淺」；筆劃少但不常用，有時候就很深，例如「弁」字。常用的字就要懂，所以在日常生活中認字最好不過，因為舉目所見，就是需要懂的字。因此，生活中的環境文字對幼兒的學習很重要。（廖佩莉，2017）

符合心智的語文學習

中文字各有字形，字形各有字音，十分講究筆劃準確度，因此，寫字是重要的，但我們並不認為需要無意義的抄寫，因為重複抄寫容易造成身心疲勞，一個詞語抄到第三、第四次，小孩已開始愈寫愈差。我們期望用符合孩子心智的方法來學習語文，使他們知道文字不是無意義的抄寫，讓孩子習慣用文字表達自己，把自己想要寫的東西通過文字寫下來，那怕是每天十多個字、幾十個字，只要持之以恆，慢慢累積，自然就有進步。例如我們可以為孩子準備一本記事簿，讓孩子在上面記錄每天做過或想做的事情，初時可利用一些文字提示，如「□□我們吃□□做早餐」，小朋友就填上「今天」、「雞蛋」，再朗讀全句數遍，直至認識這些字。隨後漸漸愈寫愈多，每天寫十來二十字，不限題材，如果孩子不懂得如何寫，可先寫好讓他抄一遍，慢慢就培養孩子用文字表達的耐性和能力。內容不需特別有系統，用字也不講究深淺，只要孩子願意寫，把感興趣的東西記下來，自然會寫得很起勁；之後他們再拿回來讀，更是很不錯的回憶錄。

青少年也可以用他們感興趣的方法來學習、訓練寫作，例如可以寫信給名人明星，為家人籌辦旅行，甚至寫「情書」、創作故事等，無論中文或英文，都希望他們能多用、多寫、多讀。有老師在課堂上叫一班年輕人寫信給他們的偶像，竟然收到很多意想不到的「習作」，比他們日常的語文表現提升了很多，可見很多時他們不是不懂寫，只是不願寫一些離他們太遠的題材而已。語文本來就與

生活密不可分，用符合孩子生活的題材去學習，自然就能提升。總之，把學習融入特定的情境中，知識和能力才能產生意義，並能提高學習的動機和興趣。（梁佳蓁，2015）

總結

今日香港，孩子學英語問題不大，反而中文才是難點。因為中英文的特性不同，家長有時混和了中英不同的學習方式，以至事倍而功半。小孩對中文的興趣，更因為其難（相對英語而言）而減少。可是，語文的重要程度，卻比任何學科都高，無論在何地何時，語文都是思考、表達的工具，如果工具不精良，似乎甚麼也無從談起。

給家長的話：

1. 中英大不同，認清不同語文特質，適當地培養孩子的語文能力。
2. 中文口語不能代替書面語，會聽說不等如會讀寫。
3. 提升日常口語和書面語溝通的質量，累積詞彙，提高表達能力。
4. 認字是必須，宜從生活中認字。中文字無深淺之分，要用的字就要懂。
5. 用符合心智和貼近生活的方式學習語文。

參考資料

梁佳蓁（2015），〈情境學習理論與幼兒教育課程的運用與實踐〉，載《台灣教育評論月刊》第4卷7期，頁136–140。

廖佩莉（2017），〈香港幼兒對「文字功用察覺」的研究〉，載《優化學與教：中國語文教育論》，香港：商務印書館（香港）有限公司，頁15–22。

閆玲（2018），〈語體語法與書面語詞彙教學建議〉，載《國際中文教育學報》總第3期（2018年6月），頁17–39。

自我管理的基本能力

自律自控

譚志明博士

　　相信大部分家長都有這樣的經驗：叫子女去洗澡準備睡覺或換衣服出門，孩子總說「等一下」，然後看書、玩玩具、這裏碰碰，那裏搞搞，不斷拖延，就是不肯行動，家長再三催促，還是不肯行動。也有家長用計時的方法，規定孩子兩分鐘後就要去做，但兩分鐘過了，還是要拖延一陣子才會行動……家長的理想，必定希望孩子「即叫即做」，而終極目標，是不需提示也自動自覺去做好自己的事情。

　　自律自控，就是希望孩子在沒有人監督下，能夠要求自己、規範自己，主動約束自己的言行，並為自己的行為負責。無論是哪個成長階段，自律自控都同樣重要，而且更是「品格教育」的重中之重（陳志平，2019），尤其在現今二十一世紀網絡資訊爆炸的時代，平板電腦和智能手機如此普及，家長和孩子同樣受到網絡的誘惑。我們經常見到幼兒毫無節制地用平板電腦和手機上網，孩子不斷玩手機遊戲，以至廢寢忘餐。以上種種，同樣關乎自律自控的能力。所謂「三歲定八十」，自律是一輩子的事，是不容易達至卻又必須具備的品格，要孩子成為自律自主的人，家長的引導不可缺少。

身教很重要

談到自律自控，很多家長立即想到做好自己，成為兒女的榜樣；家長如有不良的習慣，孩子自然就會「有樣學樣」。例如，我們希望孩子不要沉迷手機、電動，那麼父母也應避免手機成癮。我們希望孩子閱讀，自己也應該多閱讀，並和孩子一起閱讀。

良好的生活習慣，在幼兒時期就應該要建立起來，這對孩子將來的自律意識十分重要。假如由幼兒開始已經毫無規律、生活散漫，長大了自然「積習難改」。因此，應為孩子安排恆常而穩定的作息時間、規律的生活節奏：如良好的飲食、定時運動、準時睡覺等，在生活細節上，自小訓練孩子成為自律的人，讓這些自控力日後可以在孩子成長時遷移到學習和工作上。

自律自控是需要耳濡目染、長時間培養的，可是，在現實生活中，家長很多時都未能「律己」。例如「守時」一項，我們也許有如此經驗：每次生日會之類的孩子聚會，都會有人遲到，準時到達會場，反而成為「怪人」，到場時空無一人（有時主人家還在佈置），不少家庭遲到一兩小時是很普遍的事。我們希望孩子自律自控，可是自己卻沒有好好控制自己、沒有管理好時間。家長的生活習慣和自律自控能力，對孩子有至為重要的影響，所謂「身正為範」，如果父母都能自律，自然能感染孩子成為自律的孩子。

而要讓孩子有效控制情緒和慾望，更是難上加難。家長必須先控制自己的情緒，才能使孩子控制自己。我曾見過有孩子打人，家長抓住他的手打他手掌，邊打邊喊：「不准打人、不准打人。」這

情形跟情緒一樣，我們管教子女，必須能好好控制自己的情緒，避免以自己的情緒來管理孩子的情緒，作出不好的示範。此外，讓孩子多參加集體活動或遊戲，亦有助孩子學習自控。因為集體遊戲有規則、要與人協作、有時要等待，在遊戲當中孩子要遵守規則，明白要規範自己的行為才可繼續遊戲，減少他們自我中心的心理。至於慾望方面，孩子有時對某項事情或物件抱有強烈的慾望時，我們不妨嘗試延遲滿足或者轉移視線，並讓孩子明白，買東西是要按需要，不是隨意喜歡就可以買，家長自己也不要亂買東西，從而讓孩子學習控制自己的慾望。

程序的建立

自律自控的學習，是希望孩子可用理智來自我約束，不要按感覺行事。像上述的例子，遲到大概是因為「覺得」到某處應該很快，最後因心中預算與實際有出入所致。因此，若要不遲到，我們須準確計算所需時間，那麼我們可以跟孩子一起計劃行程，在出發前寫下或記下行程的細節和時間、準備的時間等，之後嚴格遵守。我們要讓孩子知道計劃這回事，要學會以計劃來規範自己，用具體而明確的方式來限制自己的行為，逐漸培養出自律自控的品格。又如孩子到百貨公司就想買東西，那麼我們在每次上街購物前，和孩子一起寫下購物清單（Shopping List），把要買的東西列出，讓孩子和大人都跟從，沒有寫下的都不能買，通過預定的程序，鍛練孩子的自控力。

同理，現時生活實在難以避免使用電腦或手機等設備，為避免孩子沉迷上網或電子遊戲，我們也可和孩子一起製訂使用平板電腦或上網的時限和守則，家長也必須嚴格遵守「屏幕時間」。例如每星期可以用幾次，每次可用多少時間，又例如在餐桌上是享受美食和家人共聚的時間，不能使用手機等。明確地建立守則程序，便不能隨意改變。家長如果因特別原因不能遵守，必須向孩子說明。孩子當然會討價還價或者不守程序，家長此時應避免搖擺不定、不斷退讓，要堅定地把守則重新拿出來要求孩子遵守。

　　青少年每天放學回家，不主動溫習功課是常態，經常要家長提點，才去練習鋼琴之類，房間永遠收拾不好，衣服亂丟等等。我們亦可以和他們建立日程表和時間表等具體的自控措施，讓他們寫下每天、每周要做甚麼，甚麼時間進行等，總體的概念是借助具體的事物和容易理解的措施，幫助孩子控制自己的行為，按計劃行事，而不是隨意而為。

自律、自控、自省

　　建立規範，讓孩子跟從，鍛練孩子的自律自控能力，具體要怎麼做呢？為甚麼我們期望孩子達到的目標，孩子都不願意實行？面對這些問題，我們也許要問，目標是家長訂立的，還是孩子訂立的。例如我們希望孩子每天收拾東西，但收拾的時間、方式是不是可以商量而不必完全跟家長指引？在自律學習中，目標最好由孩子自己決定，家長可依他們的習慣和興趣作引導。例如希望孩子「減

少」使用平板電腦，我們可以讓他們自行決定使用平板電腦的時間，並引導討論時間是否合理。而且目標必須明確並可衡量，例如「少」，不能是浮泛的概念，必須是多少分鐘、或甚麼情況下不能用等。

我們亦可以詢問孩子，要達成目標，可以怎樣做？例如我們為孩子訂立日程表，通常都只會列出一些任務，像是做功課、檢查作業、練琴、收拾房間等等，在規劃的同時，我們很少讓孩子思考如何完成目標。例如每天溫習一小時，那一小時是如何有效地使用呢？在過程中，我們實際地教導孩子運用時間、管理時間的技巧，以及事情的優次排序等，假如孩子需要有足夠的自由時間玩耍，就必須妥善安排工作，省下自由時間，讓他們鍛練自己的自律自控能力。

在實行的過程中，我們也需要和孩子一起檢討。孩子很多時定了目標，並用自己的方法實行，在過程中可能會發現超出自己能力範圍，或用錯了方法，這時可以讓他們調節目標或方式。例如青少年和朋友外出時，經常忘記了「報告行蹤」和「準時回家」，讓家人擔心。雖然我們已經和他們討論好了目標，例如甚麼時間要回家，去到哪個地點、哪個時間要致電回家，但總發現他們未能好好控制自己，未能完成這些目標。那我們可以和孩子一起思考：為甚麼辦不到呢？是交通問題？還是自己沒有記住？還是玩得太開心？有沒有方法可以達成這個目標？從而反思自己未能自律自控的原因。以正向管教的方式，相互尊重合作，幫助孩子培養所需的自律能力（曾端真，2011）。

最後，就是檢查成果的時候，無論是否成功，我們都可以正向的角度鼓勵孩子。例如他們的目標是縮短做功課的時間一小時，如果成功了，我們可以獎勵他們，並詢問他們是以甚麼方法達到的，讓孩子明白自己成功的原因。如果失敗了，我們也可以請孩子思考一下用了甚麼方法，從而討論如何改進。讚賞和正向鼓勵，對教養孩子十分有效，我們可以多讚賞孩子，讓他們在學習的過程中得到成功感，便更有力量進一步做好自己。

總結

　　孩子自律自主的能力是需要累積並可以遷移的，因此我們不需要孩子一次實現很大的目標或完成很多的要求，甚至一步就成為自律自主的人。無論是收拾房間或學習目標，如果孩子都能認真自覺地完成，這種能力和品性，慢慢就會發展至其他方面。在自律自控未完善以前，我們常常給予孩子過多的要求，希望他們馬上能夠甚麼都自動自覺、自己完成任務，變得獨立自主，這是不切實際的。自主自律不單是孩子的事，也是家長要和孩子一起經歷的成長過程。

給家長的話：

1. 自律自控是希望孩子能自己規範自己的行為。
2. 家長必須以自己作為孩子的榜樣，為孩子培養自律自控的品格。
3. 建立計劃，以具體的措施規範行為，鍛練自律自控的能力。
4. 讓孩子自訂目標和方法，不時和他們檢討和改進，正向鼓勵孩子。
5. 由小目標入手，培養自律自控的能力並遷移到其他方面。

參考資料

陳志平（2019），〈高尚品格，自律為本：品格教育在學校實踐策略〉，載《台灣教育評論月刊》8卷2期，頁67–70。

曾端真（2011），〈正向管教與紀律的養成〉，載《中等教育》第62卷1期，頁20–31。

蘇岱崙（2014），〈自律學習：4步驟循環出好態度〉，載《親子天下》第61期。

時間管理

葉蔭榮博士

「我實在不懂得時間管理，我的管理及組織能力很差。」兒子說。

「你為甚麼這樣說呢？」父親問。

「老師也是這樣說的。我要做的功課，永遠沒有足夠時間完成，我根本就是一個組織能力差的人。」兒子進一步解釋，並且流露出一種看似無奈的眼神，盼望着眾人接受這個「事實」。

「一個組織能力差的人？嗯⋯⋯我並不同意這種看法。因為在我觀察你與朋友一起玩網上遊戲（On-line Game）時，你都能展示出組織、時間掌控、協作溝通等能力，我實在很欣賞的。我可以斷言在玩網上遊戲方面，你就是一個具超卓組織能力的人。」父親斬釘截鐵地回答。

兒子驚訝地望着父親，沉默了半晌，不肯定父親是在稱讚他，還是在責罵他。

這段對話發生在我家裏的晚飯時間，我和太太正與十三歲的兒子談論經常欠交功課的原因。總括來說，兒子對「未能完成作業」

一事，很直接地歸因於自己時間管理能力的不足，並斷言自己就是一個組織能力欠佳的人；而我卻提出「鐵證」，澄清他在某些生活範疇中顯露出相關的能力和技巧。那麼，到底兒子是否組織及時間管理能力不足？他在網上遊戲及網絡社交世界中所發展的組織能力，為甚麼未能轉移到完成作業的層面上呢？

「時間管理」（Time Management）是一個非常重要的人生課題，因為誰管理好自己的光陰，誰就是人生的贏家。正如莎士比亞說：「拋棄時間的人，時間也拋棄他。」但是，對於很多家長來說，「時間管理」只是一些技巧、手法和工具，好讓子女學會一些「小手段」，如為自己編訂作業時間表等。可是，從上述的對話例子及不少家長的經驗，我們可以肯定不少年輕人其實擁有一定程度的「基本能力」去管控自己的時間。問題往往在於心態和觀念，而不在於技巧。因此，如何培育青少年「時間管理」的正面態度和能力，乃二十一世紀家長教育的「必修科」。

為甚麼要關注子女的「時間管理」呢？

家長在子女的「時間管理」上，或許有兩種極端的取態，有些家長從來不介入子女的時間管理世界，任憑他們自己組織、安排或「掌控」，極少關注他們怎樣進行時間管理。相反，亦有很多家長會為子女編排一個密麻麻的時間表，只關注他們的學業進度和全人發展活動的參與，確保他們沒有浪費這些課餘時間；然而，子女能否成為一個懂得管理時間的人，他們並不關心。其實，家長作為子

女成長過程的領航員或同行者，需要「適當地」介入子女的「時間管理」，因為這關乎他們日後生命的素質和成就。一方面既要「懂得放手」，讓子女學懂為自己的時間運用負上責任；另一方面又要「一起攜手」，協助孩子逐步掌握時間管理的方法，並培養正面的心態與觀念。值得一提的是，家長在幫助子女掌握正面的「時間管理」心態與觀念的同時，亦要明白這並不是一蹴而就的訓練，或單為達到良好學業成績的工具，而是他們一生要長期面對的人生挑戰項目。

學習「時間管理」就是為將來「工作與生活平衡」（Work-Life Balance）奠下基石。在資訊科技發達的新世代，工作世界的要求瞬息萬變，現今工作崇尚同一時段「處理多重任務」（Multitasking），下班或假期亦可能要解答上司或同事的難題，工作（Work）根本難以和生活（Life）確切分界，在兩者之間取得健康的平衡已成為二十一世紀職場的重大挑戰，而學習管理自己的時間就是為將來投身職場做好準備。現今年輕人在互聯網蓬勃的世代中，接觸的人、事、物既多且廣，範疇豐富，包括學校學習、真實及網上社交生活、課外活動等。他們的課餘時段往往充塞着不同的活動，導致學業、活動及休閒之間的失衡，出現一種「三不」的生活模式，即是「做不完的功課、參加不盡的課外活動和永遠不足夠的睡眠」。更糟糕的是，如果在年輕時未能學會有效的「時間管理」，這種失衡現象只會在更忙碌、更複雜的工作世界中繼續出現，侵蝕他們日後的生活品質，甚至影響個人成就。其實，我們作為家長的在職人士，每天亦面對這種挑戰，何嘗不是在不斷掙扎，

努力地克服困難和個人弱點，以達至工作、家庭及私人生活最有效的平衡呢。坊間、網上有不少建議，甚麼「時間管理二十技巧」、「不值得做的事情，一分鐘都不要去做」、「事先規劃好行動」、「不故意拖延」等；知易行難，不論家長或子女，大家都知道這些原則、道理及技巧，但實踐上，因着個人需要、性格、家庭文化、外在情況，未能達到理想的管理。那麼，家長該怎樣做才能輔助子女在「時間管理」上建立重要的第一步呢？

其實，輔助子女學習「時間管理」的方法有兩大類，一類是以「技術為主」的模式，主要以教授子女運用一些技巧和工具為切入點，這種策略是假設子女在「時間管理」上表現差乃是缺乏技巧。這類模式近年在網上非常普遍，它的弱點是當子女被教會這些技巧後，他們往往會重返舊有的習慣；歸根究柢，這是因為他們在觀念上和心態上未有轉變。另一類是以「心態、觀念為主」的模式，主要是先讓子女理解關鍵的概念和針對一些對「時間管理」的負面心態，轉反為正，為他們的「時間管理」終身學習建立重要的第一步。現在，我嘗試用「一個大觀念、四種心態、一個親子行動」，闡釋這種以「心態、觀念為主」的「時間管理」基本功。

「一個大觀念」：學會判斷「優次」

在「時間管理」上，首要觀念就是「優次」（Priority）。大部分青少年在時間管理方面的問題癥結就是欠缺「優次」的判斷。

「優次」就是優先次序的縮寫。這觀念代表着一種工作及生

活上的心態。簡單來說，就是先做好「最重要」的事，跟着按事情的重要程度排序完成。甚麼事情是「最重要」呢？朋友曾借用坊間一個非常流行的分類法去幫助他的子女判斷，然後作出規劃（見圖一），主要分為四個象限：

- 重要（Important）抑或不重要
- 緊急（Urgent）抑或不緊急
- 短期安排抑或長期規劃
- 應付外在要求抑或滿足自己需要

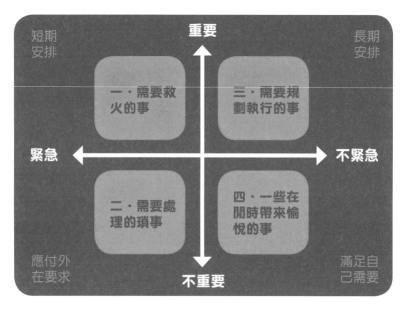

圖一：優次的判斷——辨清「重要」與「緊急」

根據個人的經驗，此傳統分類法頗實用，主要源於前美國總統艾森豪的名句：「重要的事情通常很少是緊急的；相反，緊急的事情絕少會是重要的。」這句話的精義在於提醒我們不要單為緊急的事而努力，亦要專注那些需要小心規劃的重要事情，為它們預留足夠的時間空間和精力，然後付諸實行。這種分類框架概念（又名「艾森豪分類框架」〔Eisenhower Box〕）主要可令子女明白事情的優次，讓他們能客觀地分析出甚麼是：（一）「需要救火」的事、（二）「需要規劃、按步執行」的事、（三）「瑣事」、（四）「閒時帶來個人愉悅」的事，然後按序填入個人時間表去實行。例如在下課後的四小時內，子女可根據分類法優先處理「需要救火」的事情（如明早要提交的數學作業），並在紙上列出事情次序和需時估算；然後，亦預留時間處理一些「瑣事」（如幫助媽媽準備晚飯）和「重要但不緊急」的事（如下星期要交的專題報告）；最後，在睡前三十分鐘，預留時間參與一些閒暇的活動（如電腦遊戲、社交平台聊天）。

這種時間管理概念看來甚為簡單，但家長要注意子女的實踐情況，應培養他們的四種正向心態。

四種正向心態

心態一：對時間掌握的追求

家長發現子女完成作業的時間比預期長，經常出現「超時」的情況，這是意料中事。其實，「超時」的因素有很多，例如預計的

偏差、作業的深淺、子女的投入程度、當時的環境等。因此，這是一個良好的機會，讓他們反思「超時」的原因和調整預計時間的方法，家長亦不妨善用這個自我調控的契機，以遊戲的方式，促進他們在預定時間內完成作業，並給予一些小獎勵。這種小練習對時間的掌握（Sense of Time）有莫大的幫助。朋友曾對就讀小學的兒子，常設一個「時間剛剛好」的親子挑戰賽，當朋友在家時，兒子可以就不同的作業訂下「合理的」完成時間作為目標，如果準時或提前完成可得到若干數量的「時間星」，儲存某個數量的星，可換取獎品；相反，假若超時完成作業，便要褫奪某個數量的星，作為懲罰。家長在執行遊戲時，亦應注意子女有可能為了獎賞而使用安全戰術（Play Safe Tactics），刻意誇大預期完成時間；家長可回應一個「更合理」的預期完成時間，以及雙倍獎勵提前完成作業的情況。注意，這個遊戲的主要目的是訓練子女對時間的掌握，並不是為了加快他們的工作速度；同時，我們亦應注意他們功課的素質。

心態二：重視長期規劃，不求短暫過關

隨着子女成長，家長或許會發現子女每天需要趕急完成的事情日益增加，這情況可能是缺乏長期規劃的表徵。不少子女因為意圖將更多的消閒活動安插入每日的時間表中，所以往往在完成「緊急」的工作後，便會「跳過」那些「重要而不緊急」的事（如下周才需要提交的閱讀報告），直接進行他們喜歡的「消閒活動」（如網上社交、看網上電影等）。這種做法會令他們日後累積出更多

「緊急的事」。所以，家長必須提醒子女留意那些需要長期規劃、「重要而不緊急」的事情，鼓勵他們及早制訂計劃，按部完成那些作業，或依計劃準備某個測考。切勿讓子女養成「短視」的工作態度，貪圖短暫的安逸。值得一提的是，這種「短視」態度的形成，大多歸咎於過於看重「向別人交待」的工作心態；對他們來說，時間管理只是協助他們「交功課」的備忘錄，只要能過關，誰會理會那些功課和溫習是在最後關頭完成呢。家長宜就這些「重要而不緊急」的事情與子女一同訂下一系列的「小目標」（如準備一星期後的常識科測驗，五日內計劃每天溫習一個單元，期間休息一日，最後一天作總結性複習），然後讓他們按部執行和反思達標情況，並在過程中作靈活介入和鼓勵，使他們逐漸地發展這方面的能力，體驗長期規劃的好處（如規劃可減少因欠缺充足準備而產生的焦慮）。

心態三：與逃避說再見

在成長路上，子女在應付外在要求時，或許感覺到壓力和「畏難」的心理，從而產生出「逃避」的念頭，故意將一些需要長時間完成的作業拋諸腦後，選擇及時行樂。然後，在「死線」前「趕工」，「變身」成為「死線戰士」（Deadline Fighters），因著時間緊迫的關係，最後只能草草了事。有別於「只求短暫過關」的負面心態，這種「逃避工作」的心理（Work Avoidance）並不是單單因為缺乏長期規劃，而是因為他們在面對壓力和焦慮時，會用「逃避」來保護自我價值（Protecting Self-worth）。因為假若成

績或結果不如理想，他們便會辯稱，他們只在「死線」前夕作出簡單應對，並表示對於成績和結果完全不在乎，就算家長與他們一同訂下行動計劃目標，他們仍會竭力找不同的藉口，如近日要完成的作業太多，故未能執行預定計劃等，來「解釋」自己學業欠佳的表現。心理學家Covington説，[①] 這種「逃避」心態非常普遍，尤其是男生，它會影響青少年日後的人生價值觀。除適當地關注或介入外，家長不妨用一些正向的鼓勵話語，如「今天你預早開始為下周的測驗作準備，真聰明！這樣玩耍時，亦可玩得更加開心！」「今晚我非常欣賞你，犧牲了個人休閒，勇敢地嘗試解答這類型的數學難題。」「今次你真有先見之明，預先開始準備這份專題研習，原來它的課題內容確是很複雜的。」「你今天溫習時態度認真，比之前進步了不少。」「你正確！若要比較，就和自己比較，何需理會別人呢！」令他們重拾積極的工作態度，盡早真誠地面對困難和挑戰，與逃避説再見。

心態四：認清自己的多元角色與身份

隨着資訊科技的發達，對於年輕一代來説，休閒時段內的活動已不只是一些可有可無的心靈安慰，尤其網上世界的人、事、物，在他們心裏是既真實又重要的。有些青少年因事前約定「網友」或

---

① Covington (1984). The Self-Worth Theory of Achievement Motivation: Findings and Implications. *The Elementary School Journal*. Vol. 85, No. 1, Special Issue: Motivation (Sep.,1984), 4-20.

「戰友」在某段時間一起「打機」或聊天，不惜打亂了原先的優次規劃。這種情況在二十一世紀的今天是十分普遍的，原因大多是父母低估了某類活動在子女心目中的重要性，不少家長亦因此與子女處於不必要的對立局面。其實，這是一個多元角色身份的議題，現今年輕一代真的忙碌，不但要在家庭、學校及社交生活範疇擔負起不同比重的角色，雖各人皆有異，但亦時刻面對着從這三方面而來的不同需求，這些要求又時常被貼上「重要」的標記。故此，當家長對子女提出在「時間管理」上要學會判斷「優次」，子女或許會質疑所謂「優次」究竟是指誰的優次。事實上，他們心中的「優次」往往與家長所想的大相逕庭。記得兒子十四歲時，曾嚴肅地向我提出一個計劃，他想在課餘時參與一個與「電競」（Esports）相關的國際賽訓練，皆因他在東亞地區勝出，大會邀請他代表國家參加此項國際大賽。我當時很不經意地以預備考試為由要求他退出比賽和有關訓練。事隔數年，我覺得當時在輔導兒子上確實可以做得更好：首先，我當時對一切在網上發生的活動存有一定程度的偏見，「電競」這些新興名詞，我是聽不進去的；再者，我當時對「電競」的認識實在不多，以為那些所謂國際賽，只是網上一群人自發地組織起來的「國際比賽」，及後才曉得這國際賽是世界認受的；換個角度，假若當時討論的比賽項目是某種球類運動，而不是「電競」，相信一向鼓勵子女全人發展的我，應該會細聽他的想法，花更多時間與他商談參與比賽和訓練的可行性，以及如何作「時間管理」。因此，家長應多溝通、存開放的心跟子女討論將要處理的事情，了解他們在個別項目上所擔當的角色、優次判斷，以

及策略計劃（見圖二）。在此類溝通過程中，家長應耐心聆聽和盡量尊重青少年的想法，保持雙向討論。需注意，在「共建優次」的討論中，家長不宜強加自己的意見在他們身上，不妨提出一些折衷的方案（如改在周末下午時段與朋友玩網上遊戲）；亦可引入「優質時間」（Quality Time）的概念，讓他們明白朋友關係的維繫（包括網上的社交），並不一定要用冗長的時段來建立。子女價值觀和心態上的改變，往往是透過「點點滴滴」、真誠的討論而培養出來的。

要處理的事情	角色（學校、家庭、社交）	「重要」與「緊急」？	忽視的後果	需要較長時間規劃嗎？	優次位置（1, 2, 3…）
1)					
2)					
3)					
4)					
5)					

圖二：與子女討論優次時間表的工具

「一個親子行動」：共同學習管理時間

讓子女學會認清優次的觀念，培育正面的時間管理態度，誠然是一個漫長的過程。在這珍貴的成長路上，家長亦可在情況許可下偶爾加入富協作性的「體驗式學習」（Experiential Learning）活動。我曾有機會與兒子透過共同處理一個真實的項目事工（Project），發展他的「時間管理」能力。兒子在音樂和詩歌方面頗有天分，某日，教會一位資深音樂人邀請我替他翻譯一些原創聖詩，我立即答應這個工作項目，並提出容許我兒子以「助理」的角色協助翻譯工作。從兒子首肯參與，直至完成翻譯，整個協作過程長達兩個多月。當中，大家就規劃、訂定優次的事反覆討論。在過程中，我對他規劃時間的思維和態度有了更深刻的了解，他亦觀察到我在時間管理上的強項與弱項；怎樣面對「落後」的進度，怎樣決定犧牲一些娛樂，讓計劃重回正軌；怎樣在兩難中，作出「痛苦」的取捨，重訂優次等。在充滿着互動而忙碌的兩個多月中，他認識到「工作的我」，而我亦了解「工作的他」，彼此收穫甚豐。他不但能把對優次的判斷、面對挑戰的勇氣、事情緩急的對應、仔細的規劃等靈活地運用在平日的學業和工作中，還願意與同儕分享心得。自從這次協作，我已沒有聽到他說：「我是一個組織能力差的人。」大抵因為他明白到學習時間管理是一生的事，世間並沒有完美的「時間管理」，只有真誠的反思、自信地面對難題和完善個人「時間管理」。

其實家長可因應情況及子女的年紀、興趣，與他們一起規劃一

些真實項目事工。例如為媽媽慶祝一個難忘的生日、一起為長者學苑的長者開啟及管理Facebook戶口，又或組織一個與親友分享的聖誕派對。重點是一起計劃、訂定優次，執行及調適，在實踐中互相學習。這亦是運用「優質時間」概念去達到親子溝通的效果，一舉兩得。

時間是甚麼：是敵？是友？

當社會上一些家長仍在吶喊着「贏在起跑線」時，我們需要明白「跑步的過程」比「起跑線」更重要。我們要協助子女慎思規劃進程的重要性，並令他們學習管理自己的時間，才能在二十一世紀「終身學習的長跑賽」中成為豐盛人生的贏家。

商業管理學大師麥金西（James McKinsey, 1889-1937）的格言「時間是世界一切成功的土壤，時間給空想者痛苦，給創造者幸福」，[②] 清楚指出真正得益於時間的人，乃是肯在實踐中學習管理好時間的「創造者」，而不是那些只有頭腦堆滿書本知識、倚賴別人替自己填滿工作時間表的人。作為一位「資深」的教育工作者、一名家長，我認為「家庭教育」絕不是要製造沒有「時間管理」實戰經驗的「空想者」，而是要幫助子女建立正面的時間觀念和態

---

② 詹姆士·麥金西，又名麥肯錫，芝加哥大學教授，是最早就預算問題發表著作的學者。他被譽為商業管理諮詢的始祖，建立第一家諮詢公司——麥肯錫諮詢公司，開創了現代管理顧問（Management Consultant）的新時代。至於「時間是世界一切成功的土壤」這段話，相傳是他的著名格言。

度，勇於以行動、嘗試及規劃去不斷突破自己、發展能力，創建一個屬於自己的「人生時間表」，一生與「時間」為友。

參考資料

McKay, B., & MacKay, K. (October 23, 2013). The Eisenhower Decision Matrix: How to Distinguish Between Urgent and Important Tasks and Make Real Progress in Your Life. A Man's Life, Personal Development. https://www.artofmanliness.com/articles/eisenhower-decision-matrix/ (Retrieved at 23.04.2019)

Porter, M. E., & Nohria, N. (2018). How CEOs Manage Time, in *Harvard Business Review*, ʻWhen Work Has Meaning.ʼ July-Aug 2018 Issue.https://hbr.org/2018/07/the-leaders-calendar#how-ceos-manage-time (Retrieved at 29.04.2019)

衞生署學生健康服務網頁：時間管理（https://www.studenthealth.gov.hk/）

適應力

石美寶博士

港孩是如何煉成的？

有一次，一群六年級的學生參加畢業旅行，前往長洲的度假營，有趣的是有些學生並不是背着背包，而是拖着行李唸，正當他們憂慮如何徒步上山時，細心的老師已經為他們租用了一些接載行李唸的電動小拖車，同學們興奮地把一個個行李唸及背包都放上拖車，輕輕鬆鬆地邊跑邊跳前往營舍。或許對於這一代來說，畢業旅行的定義及安排已有改變，他們習慣一切交由別人代辦，有些學生甚至連自己的行李唸內放着甚麼也不太清楚，因為全是由家長代為執拾的。

另一次，曾有一群中學生參加學校舉辦的夏令營，導師告知他們可以在自由時間到戶外的繩網陣或室內運動場參與各類型的活動，可是，導師在各活動場地都找不到學生的蹤影，及後才發現他們都留在房間內，並且向營舍申請使用冷氣，即使要付額外費用也在所不計。導師進入房間，只見一些同學戴着耳機，一些手持電話在瀏覽社交平台；另一些則坐在床上看自己帶來的書籍。於是，導師向學生查詢不參與活動的原因，有的説天氣太熱了，不喜歡流汗

的感覺，並不舒服；有的説自己不喜歡體能活動，太辛苦了，待在冷氣房間比較舒適；有的説他們較喜歡在房間裏自己玩網上遊戲，不想別人打擾。導師當然感到非常失望——刻意安排的夏令營，原意是希望讓學生有多一點與人相處及接觸大自然的機會，平日較少參與體能活動的也可舒展一下筋骨。

也許有人認為以上例子並無不妥，看見學生或子女面對困難時感到吃力難當，家長或老師只是懷着憐憫之心給予一些協助，讓孩子減輕負擔，這正是愛與關懷的表現；當孩子想做自己喜歡的事，我們會尊重他們的選擇和獨特性，為何要強迫他們做些不喜歡的事呢？然而，當我們細心再想，如果孩子只活在自己的舒適區（Comfort Zone），面對外在環境改變時，他們仍然以自己習慣的方式行事，未有因應外在環境調適個人的想法或行動，甚至期待外在環境改變去遷就他們的個人需要。長大後，他們能否在職場或與人合作的情境下依舊我行我素，而毋須改變以應對外在挑戰呢？值得深思的是，我們的子女有沒有足夠的適應能力迎接新世紀的改變及挑戰呢？

發展適應力的絆腳石

常言道：適者生存。現代人似乎毋須再為基本的生活而惆悵，但能適應外在需求的改變，這不單是為了生存，也是為個人成長及事業發展，達至發揮個人潛能，在生活中找到意義及滿足感。隨着科技發展，二十一世紀的工作流動性增加，人們在一生之中或許會

多次改變工作崗位，受僱於不同機構，甚至職業類別也有轉變。在新世代的事業發展研究中，Morris, & Hall（2002）提出「適應力」是將來人們在事業發展中一項主要的能力。而上文提及的舒適區就是指人的行為狀態，處於一種安樂舒適的環境及穩定的行動習慣中，常會缺乏危機感（White, 2009）。若孩子自小習慣處於個人的舒適區，心理及行為會漸漸趨向剛性或僵化（Rigidity），以至難於適應外在環境的轉變，更遑論在新世代以創新思維幹一番事業了。

有些家長會認為，子女長大後，他們在大學階段或就業後自然就有能力適應各種改變。可是，真實的情況並非如此簡單。子女成年後各種已形成的僵化行事態度與方式，日後有可能會成為與人合作時的社交障礙，又或在面對工作或生活形態轉變時的沉重心理壓力。曾經有大學生參加海外交流活動時，堅持嚷着要在歐美國家吃中國菜，縱使在同行者不太情願下、艱辛搜尋後最終仍滿足其期望，可惜朋輩間就此變得難再溝通與合作，甚至主動疏遠。此同學在思想上未能對新的情境持開放態度，因而在行為上也不願作出調適。此外，有一名大學生向導師提出，因不滿小組同學的工作關係及表現，為免小組習作的成績被拖垮，要求獨自完成習作。他表示自中學開始已多次向不同導師表達不參與小組習作，表明自己為獨生子女，不習慣要太多遷就別人的做事方式，並認為不值得花費時間作討論及妥協。這同學雖然意識到要作出適應，卻不願意改變自己的行事習慣。以上例子在學校環境或在職場的合作項目屢見不鮮。這些同學在成長過程中逐漸形成一些僵化的行為模式，亦習慣處於個人的舒適區。事實上，人們未必意識到個人的僵化行為或其

帶來的負面後果，其次是個人已習慣了一套行事模式，若要作出調適需要花費額外氣力，因而不願具彈性地因應外在需求而作出調整。那麼，若要裝備二十一世紀的孩子，好能應對新的工作模式與需求，家庭如何培育孩子的適應能力將是一個嶄新而重要的課題。

正向心態帶動行為調適

Fugate, Kinicki, & Ashforth（2004）認為個人適應力包含樂觀、傾向學習、開放、具內控能力及自我效能感。不同學者均認為，具備個人適應力的人能夠：（一）對新的經驗或環境持開放態度（Openness to Experience），亦較能處於一些不確定（Uncertainty）或不可預期（Unpredictable）的情境中（LePine, Colquitt, & Erez, 2000; Pulakos, Schmitt, Dorsey, Arad, Borman, & Hedge, 2002; Steinmetz, Loarer, & Houssemand, 2011）。這是對外在環境認知的能力及一種積極面對新事物的態度。（二）運用具彈性的方法（Flexibility），包括內在及外在資源（Resources），並調整個人行為（Adjustment）以適應環境（Ployhart, & Bliese, 2006; Pulakos, Dorsey, & White, 2006）。這是有關個人如何運用不同策略去處理面對的新境況，改變個人行為以回應外在的需求。

事實上，當人能對新的經驗常抱持開放的態度，面對外在環境或要求轉變時，這些人會有較正向的心態（Positive Mindset）認知外在需求或視之為一種新挑戰，心理上的抗拒感（Resistance）或

焦慮會相應減低，亦較能理性思考如何調整個人行為，運用不同策略應對新的處境。因此，正向的心態會帶動行為的改變，人就能以較具彈性的方式調整個人思想及行為作出適應。為了培養孩子的適應力，以下我們會探討如何在不同成長階段增強孩子對新經驗的開放態度及以具彈性的方式回應外在需求的轉變。

跳出舒適區：鼓勵孩子嘗試新經驗

若要孩子對新的經驗或環境持開放態度，我們就要鼓勵他們嘗試新的事物，減低對一些不確定或不可預期情境的焦慮。我兒子年幼的時候，為了讓他有更多學習與人相處的機會，我有時會主動邀請好友的子女到我家生活一天或度宿，同時讓其父母享受夫婦私人時間。與來自其他家庭的幼童一起生活時，便會發現不同家庭有不同習慣，特別是飲食方面，孩子總會說在家中只吃甚麼或不吃甚麼。因此，我跟孩子訂下一些新規則，為了多接觸新事物，即使不喜歡或不習慣吃的東西也要嘗試吃，從未做過的事也要嘗試做。幾年間，這些幼童在我家嘗試過不同食物、學習更換床單、用膠刀切食物、吸塵及拖地等。當然，若要孩子踏出新一步，提供愉快的環境及鼓勵是十分重要的。我們會為孩子作出新嘗試歡呼拍掌，又為他們拿着新吃的食物或這些學習過程拍照留念，有時又會送給他們一些小工具，如膠刀、小砧板，讓他們回家後跟父母分享這些成功經歷及鼓勵他們回家繼續練習。對幼童來說，只要感到安全及快樂，他們樂意接觸新事物，每次新的經驗都讓孩子發展多一點適應

力，幼兒階段亦正是培養適應力的黃金時期。

到了小學階段，孩子逐漸發展自我概念，開始意識自我在群體中的角色，也在意別人的看法及評價。曾在一些家校活動中，有孩子在群體活動時老是依附着母親，只站在旁邊觀察而不願參與。詢問之下才了解到孩子一直觀察如何在活動中取勝，又擔心自己做得不好。我亦留意到有些家長在活動過程中不自覺地對孩子作許多提點或評價，冀能幫助孩子勝出或達至所需表現。可是，這些回饋或許會加強孩子對新經驗及對別人看法的焦慮感。若父母着眼於培養子女對不同經驗的開放態度，只要子女願意嘗試，無論表現如何，鼓勵參與才能建立其適應能力。因此，家長對勝負或表現結果的看法，會直接影響孩子對新經驗會否持開放態度。

高小至中學階段，當家長考慮讓孩子參與一些課外活動時，除了定期及按年升級的活動外，宜保留一些空間讓孩子參與短期或個別的活動，如：宿營、服務、參觀等，以拓闊孩子的學習經歷。尤其在悠長的暑假，家長可以跟子女商討如何在每年的長假期獲取新的經驗，或參與平日較少接觸的活動，從而發掘他們的興趣與潛能。固然，在冷氣環境長大的孩子，較少數會主動在暑期參加一些戶外訓練及歷奇活動，家長宜跟年長的子女一同規劃暑期活動，如：攀石、水上活動（獨木舟、划艇等）、訓練營、義工訓練及服務等。這些活動既能挑戰孩子的能耐，亦能從學習過程中得到教練／導師及朋輩的激勵，並非單純着重技巧訓練，更重要是孩子從親身經歷中有所反思，從與朋輩合作的過程中能仿傚別人勇於嘗試的態度，在互相支持及鼓勵下，有能力突破個人限制，迎向不同挑

戰，強化個人的適應力。這些經驗並非平日在學校學習能獲取的，也不一定昂貴，許多活動均可在政府及非政府機構報名，重要的是讓子女一起討論及規劃，若孩子常常接觸新的經驗，當面對將來生活的各種挑戰時會具備正向心理素質，較有能力及信心適應改變。

培養具彈性的思想與行為

如前文所説，僵化的行為源於心理與行為已建立了一種習慣，形成個人的舒適區，久而久之，人不想花費額外氣力離開這舒適的感受。故此，增加生活的變化，讓人不時對新的情境作出思想與行為的調適，就能保持對外在環境的應對能力，同時增強個人行為的彈性及變向能力。我曾於食肆觀察到有兒童要求祖父母、父母及家傭坐在指定的位置，家傭及母親必須陪伴在側，否則他們便肆意哭鬧。又有幼童在公園玩耍時，即使在沒有影響他人的情況下，仍不准許別的孩子從滑梯由下而上爬行，指罵那些小朋友不守規矩，要求別人必須由樓梯上行才能從滑梯頂部滑下。有時，家長並不覺察自己及孩子有些「一定」要這樣做的行為。若要培養孩子的彈性行為模式，家長宜鼓勵孩子做一些「也可以」的行為，嘗試一種新的做事方式。如在玩滑梯時，在不妨礙他人的情況下，「也可以」由底部向上爬，再由樓梯向下行；又如在家中的座位可不時作出改變，爸爸或媽媽「也可以」陪伴孩子。在幼兒階段，雖然穩定的生活節奏對保持孩子情緒平靜有幫助，但過多「一定」如此的安排，孩子偶爾遇上變化便會深感焦慮，因此，讓孩子在生活中經驗多一

點變化，會有助他們建立具彈性的思想。

小學階段的孩子開始喜歡在家中參與決策，例如到哪兒用餐可以由家中各人輪流決定，父母不宜每每遷就孩子的喜好，孩子正要學習接受由他人決定後適應的過程，當然他們也有機會在下一次負責做決定。有時，可以跟孩子探索不同的乘車路線，既讓他們有機會認識及乘坐各種交通工具，亦會明白不同方法也可到達同一目的地。若進一步鼓勵孩子運用內在及外在資源，如運用Google Map（外在資源）分析不同路線的便捷程度及其他考慮因素（內在資源），如天氣、繁忙時間、步行能力等，然後與家長討論哪種交通工具較切合當時的需要，漸漸孩子會學懂因時制宜，具彈性應對各種需求。

到了高小或初中階段，相信有些父母會擔心孩子獨自乘搭交通工具，又或是跟同學外出。事實上，父母也需要適應孩子能獨立處理自己的事情，不再完全依賴父母的照顧。以我家的經驗為例，我們和孩子會商議先學習乘搭哪一種交通工具，先由較少變化的路線開始，如在總站乘搭專線小巴前往另一總站。當孩子漸有信心時便再引入另一路線，如乘搭港鐵，由孩子告知所乘路線，起初給予提示，之後由孩子提出在哪一站下車，及後再增加難度，讓孩子獨自上車，我們跟在同一車箱作近距離觀察。當孩子適應了乘車的環境與程序，最後我們相約在某一站的月台會合。在這過程中，家長及孩子會預先商討如何運用外在資源，如保持溝通的工具及方式、乘車資料、突發情況的援助；而內在資源包括孩子如何處理突發情況、逐步協助孩子建立信心（欣賞及肯定）、了解孩子的經驗及如

何作出各種決定。這些珍貴的同行歷程，不單幫助孩子具彈性地處理不同情況，也讓家長與孩子一同學習適應自立過程，並建立新的親子關係。子女進入高中或成人階段，適應力應用範圍更廣泛，他們不單要應對公開試的壓力，亦要處理更多且更複雜的人際關係，對未來前途的不確定性更感焦慮。此時，父母的聆聽有助子女進深思考個人面對的困境，在分享過程中陪伴子女尋找不同的策略應對挑戰。

孩子一生中需要在不同階段作出適應，由嬰孩期離開父母進入學校、由玩樂的幼稚園至認真學習的中小學階段、再到大學或工作發展等，每段人生路均有難以預測的轉變。讓孩子從小不斷接觸各種新的經驗，鼓勵他們以彈性方式思考及調整行為，強化個人的適應能力，將來面對不同的境遇將能處變不驚，成功跨越各種新挑戰。

LePine, J.A., Colquitt, J.A., & Erez, A. (2000). Adaptability to changing task contexts: Effects of general cognitive ability, Conscientiousness, and Openness to Experience. *Personnel Psychology*, 53, 563-593.

Morrison, R. F., & Hall, D. T. (2002). Career adaptability. In D. T. Hall (Ed.), *Careers in and out of organizations*. Thousand Oaks, CA: Sage, 205-233.

Ployhart, R. E., & Bliese, P. D. (2006). Individual adaptability (I-ADAPT) theory: Conceptualizing the antecedents, consequences, and measurement of individual differences in adaptability. In C. S. Burke, L. G. Pierce, & E. Salas (Eds.), *Understanding adaptability: A prerequisite for effective performance within complex environments*. Amsterdam, Netherlands: Elsevier, 3-39.

Pulakos, E.D., Dorsey, D.W., & White, S.S. (2006). Adaptability in the workplace: Selecting an adaptive workforce. In C.S. Burke, L.G. Pierce, & E. Salas (Eds.), *Understanding adaptability: a prerequisite for effective performance within complex environments*. Amsterdam, Netherlands: Elsevier, 41-72.

Pulakos, E.D., Schmitt, N., Dorsey, D.W., Arad, S., Borman, W.C., & Hedge, J.W. (2002). Predicting adaptive performance: Further tests of a model of adaptability. *Human Performance*, 15(4), 299-323.

Steinmetz, J. P., Loarer, E., & Houssemand, C. (2011). Rigidity of attitudes and behaviors: A study on the validity of the concept. *Individual Differences Research*, 9, 84-106.

White, A. (2009). *From comfort zone to performance management*. White & MacLean Publishing.

抗逆力

鄧巧孺女士

　　相信大家都有留意到，最近幾年的自殺率愈來愈高，十九歲以下的自殺個案從2016年的二十四宗到2018年的三十六宗，增幅達五成，不幸的是當中更有的是小學生。大家在討論悲劇的主因時，有人說是跟這些青少年人的心理素質有關，他們太軟弱了，經不起任何打擊。當然我不同意青少年人輕生都歸因於他們的軟弱。畢竟年代不一樣，年輕人現在面對的壓力的確跟年長一輩面對的不一樣。但不得不提的，是大家所說的「心理素質」，或所謂的「堅強」面對挫折困難是甚麼？

　　這種能夠堅強面對困難的能力，就是我們最近常常聽到的抗逆力——在危機或逆境中的適應能力，是指在困境中反彈，並比之前感到更有力量及有智慧（Ungar, & Hadfield, 2019）。抗逆力包括效能感、歸屬感和樂觀感。效能感是指一個人相信自己的能力，讓一個人有人生目標，接受挑戰而且積極面對人生；歸屬感是指一個人收到別人的認同，感受到他人的愛和關懷，並且相信他會收到這個團體的接納和支持；樂觀感是指有正面的情緒，對生命和未來有希望，並且樂於嘗試冒險。

　　人生必會遇到挑戰困難，抗逆力似乎非常重要。怎樣才能幫助

小朋友或青少年人提升抗逆力？我們可以參考以下幾點，讓我們在日常生活中的大小事上，培養孩子的抗逆力。

效能感

心理學家**Albert Bandura**（2010）提出，效能感是指相信自己有能力做事、處理困難及控制結果。由於人生必然遇到困難和挑戰，所以提升小朋友或青少年的抗逆力是非常重要的。到底怎樣才能幫助他們提升抗逆力呢？讓我跟大家分享一個例子：我女兒今年四歲，有一次她忘記了帶她的杯子上學，儘管學校可提供後備杯讓她作飲水之用，她仍哭着要回家取回她的杯子。她哭鬧的原因似乎是源於「想要」而非「需要」。當時，我丈夫二話不說便立刻回家拿杯子送到學校。後來，我問丈夫是否知悉學校有提供後備杯子，而他是知道的。他並不擔心女兒沒有水喝，只是他不忍心讓女兒難過，才把杯子送到學校。我明白丈夫愛女心切，也為女兒有一個疼愛她的爸爸而感恩。但我在想，這算不上是一個逆境，而父母連這一點點的難受都不想讓孩子經歷，也毋須孩子親自面對，那麼，孩子又怎能培養出抗逆力呢？正如學習游泳，孩子連水也沒機會碰到，那怎能學會游泳呢？因此，提升抗逆力的首要條件，正是要讓孩子經歷逆境與挫折，並在逆境中學習及培養應變能力。

日常生活中，一些簡單的挫折，例如考試分數低、比賽未能勝出，或者像我女兒一樣忘記帶東西等等，我都認為可以讓小孩去經歷，而不用事事都為他們「挺身而出」，剝奪他們自己解決問題的

機會。父母要讓孩子知道失敗與成功皆是生活的一部分，人總要面對困難並從中學習解難技巧，不是去逃避。最重要的是，要給孩子鼓勵，讓他們相信自己有能力克服困難和挑戰。在他們成功解決困難或經歷逆境後，他們的效能感更能得以提升。讓孩子有更多成功的經歷是提升效能感最好的方法，他們以後便更有勇氣面對挑戰，對自己能力更有信心，因為過往的經驗讓他們知道自己是有能力解決的。

除了讓孩子經歷逆境以外，培養他們的決策能力，對發展效能感來説會有幫助。會做明智的決定，跟抗逆力的高低有直接關係。在遇到困難或挑戰時，我們都會想：我該怎樣做？我有能力解決這個問題嗎？有甚麼資源幫助我？從而去想出解決的辦法。如果小朋友平常沒有機會做決定，一切都是由父母安排，在遇到困難或挑戰時他們怎能想出解決辦法來？我身邊有不少朋友，都已經幾十歲了，當遇到困難或要做比較重大的決定時，就會變得六神無主，完全不知道該怎樣做，以至方寸大失。了解下才發現他們都有操控慾比較強的父母，朋友們從小到大都不用和不會做決定，遇到困難時更不能有效地想到解難的資源或方法。所以，能夠做決定跟抗逆力息息相關，一個人有良好決策能力的話，就有更大機會成功解決問題，效能感當然會因而提高，他們往後遇到困難或逆境的時候，就能更有信心、更果斷地找出解決問題的辦法，抗逆力就能得以提升。

我們可以從小培養小孩做決定的能力。簡單的決定，例如今天穿甚麼衣服，要考慮天氣和場合；出外吃飯選擇甚麼餐廳，也要

考慮家庭成員的喜好；想參加課外活動，要衡量個人的興趣和擁有的空餘時間等；這些決定看似微小，但都要考慮不同因素才能作出明智的決策。這樣可以讓他們有自主權，加上父母師長在旁支持引導，就更能慢慢培養孩子做決定的能力。

歸屬感

歸屬感是指我們能夠感受他人的愛、關懷和支持（Peterson, & Seligman, 2004）。孩子感覺到的歸屬感愈高，抗逆能力就愈強，因為我們讓孩子知道無論問題有多大，我們都會一起面對。根據生命及倫理研究中心在2017年就有關子女對父與母參與的觀感及自尊感的調查，發現父母在孩子的自尊心發展中各自都有重要的角色：母愛可以幫助兒子和女兒建立自尊感、爸爸與兒子談天、陪伴、關心和幫助等更有助兒子的心理健康。這代表父母的愛和陪伴，以至孩子在父母身上找到的歸屬感，都對他們的正面心理發展有幫助。如果要培養孩子的歸屬感，家庭、學校及朋輩給予的愛和關懷是不可缺少的。會看這本書的大家，相信都是很關心小朋友或年輕人的家長或老師，相信大家都想做好一點，想做得更稱職。在我們都很努力再多學一點、再做好一點的時候，其實不要忘記很簡單的一點，就是向孩子表達我們滿滿的愛。我們的愛和關心，往往因為我們太緊張而變成嘮叨或責備：「我已經說過很多次了！為甚麼還不聽？為甚麼還犯同一個錯誤？」背後其實出於關懷，希望孩子不要重複犯錯，不要受到傷害。但有否想過我們的責備，其實對他們造

成更大傷害？不止小朋友和年輕人，就算是成年人都不喜歡常常被批評，就算真的做錯了，都想有人給予機會和鼓勵，而不想一直被人指責及挑錯處。家長或老師的怪責，對孩子發展抗逆力只會有反效果，讓他們更害怕面對困難，而且懼怕詢問父母和師長的意見及尋求他們的安慰及支援，因而大大減少了可以從成年人身上學習的機會，孩子更不能勇敢地面對未來的挑戰。

　　我在美國當輔導時有一個案例，那個十四歲的女孩情緒問題比較嚴重，我第一次與她面談只不過十數分鐘，預備結束時她很誠懇地對我說，非常感謝我的聆聽，已經有一段時間沒有人毫無批判地聆聽她了。後來一段時間的輔導面談中，得知她之前做了不少錯誤的決定，譬如逃學、吸毒等。媽媽事後很關心她，但每次跟媽媽談話，媽媽都一定要提到女孩的過去：「你也不是不知道你之前犯的錯」、「我之前就是太少管你，你才會誤入歧途」。媽媽是關心、痛心，但對這女孩來說，媽媽就是一次又一次責備她，就是從來沒有原諒她。在這個案例中，這個媽媽就大大錯失了提高孩子抗逆力的機會。孩子知錯能改，本來可以從錯誤中學習，在失敗中重新站起來，有家人的原諒、接納與支援的話，以後就更有勇氣和抗逆力面對前面的困難，非常難能可貴。但是這媽媽對女兒失敗的責備，讓女兒陷入了悲傷痛悔中，久久未能釋懷及重新做人。

　　在我們關心或提醒孩子的時候，要特別注意我們的用字：「成日」、「每次」、「總是」等都是誇張的用法，就算是我當心理輔導和老師，明明知道不應該說這些話，就是改不了會常常說，實在要不斷提醒自己！我們不如試一試，每天回家看到孩子的第一

句話，不是「做完功課未」、「今天測驗幾分」，而是「我很想念你」、「我很愛你」；嘗試一下吃飯的時候，不再看手機，不再抱怨今天工作太累或孩子吃飯太慢，而是問問孩子今天過得如何，有甚麼開心或不開心的事。孩子一定可以感覺到你對他的愛和關心，而不只是在乎他的成就，而且他們更可以在你身上學會分享和關懷。這樣，他們就可以更放心、更勇敢地面對困難或挑戰，有更高的抗逆力，因為爸爸媽媽和師長就是他們最安全的避難所，給他們最大支持。當然，對孩子的愛和關懷不代表過分的溺愛和縱容，這樣會讓他們太自我中心，「不知民間疾苦」，對建立抗逆力絲毫沒有幫助。

所以我們與孩子同行，給予他們無條件的愛和接納，是很重要的。跟孩子共同面對逆境，除了可以給他們情感上的支援，還有另一個重點，就是我們可以在當中給孩子分析成敗對錯。譬如這次的考試成績不好，孩子願意跟我們分享他們的失敗的話，我們可以協助孩子正視問題，想想是不是他們也有可以改進的地方，例如改變讀書習慣，並為未來訂下可行的目標，例如下次考試前可以提早一星期複習課文，先做若干題練習等等。一起為目標努力，並發展正面的人生觀，這就能提高孩子的抗逆力。師長也可以鼓勵年輕人多參與有益及穩定的朋輩群體，例如義工服務、制服團體如童軍等，讓他們定期跟正面的朋輩在一起，同時也有成人導師的參與和輔導，這也是可以加強朋輩之間正面的互相影響，提高對群體的歸屬感，對年輕人發展抗逆力也是非常重要。人生路上有同行者很重要，會讓孩子知道他們並不孤單，有人願意陪伴他們度過人生的高

低起跌。

樂觀感

上文提到，與孩子同行，給予他們愛、支持和接納很重要。因為除了讓他們更有歸屬感以外，也可以培養他們的樂觀感。樂觀感愈高的人，就會有愈高的抗逆力，因為他們對未來充滿希望，並且相信只要自己願意嘗試，就會有成功的機會（Richardson,2002）；再加上之前的成功例子讓他們有高的效能感；若他們也能在家人、朋輩身上取得支持和認同，更高的歸屬感就讓他們更有自信面對挑戰，樂觀感因而提升。樂觀的人遇到挑戰時不會退縮，因為他們相信自己可以成功，對未來有盼望。師長在孩子勇敢面對的時候肯定、稱讚他們，在他們害怕掙扎的時候鼓勵他們，跟他們說：「我相信你可以的！」或是把問題或困難看成新挑戰：「看看我們可不可以一起解決？」孩子就更能用積極樂觀的態度去面對。

除了給予肯定和鼓勵外，教導孩子積極地跟自己內心對話，也可以提升他們的樂觀感。日常生活中，遇到讓人沮喪的事情，我們就可以用跟自己對話來反思，從而找出更樂觀的角度來面對。當遇到失敗時，有些人就會想：「一定是我比較笨，我真是沒用！」根據心理學家Fritz Heider（1958）的歸因理論，我們其實可以嘗試從另外一個方面去想：「可能是我做事情的方法錯了，我下次可以用更好的方法！」這個想法就會從「不能控制、不能改變」（我很笨）轉化成「我可以控制、我也可以改變」（我下次可以用一個更

好的方法）。我們應該更多鼓勵孩子學習這種積極的內心對話，讓他們失敗時不會被負面想法包圍，反而可以採取這種讓自己充權的想法：「我是可以控制和改變的。」當他們會用這個角度去思考的時候，他們對未來就更有掌控權，便會對未來更有盼望，樂觀感就會因而提高。

　　樂觀感也包括能從困境中看到好的一面。平常你可以跟孩子多分享感恩的事情，培養他們感恩的心。我們一家人每天晚上，在孩子睡覺前，都會一起分享那天值得感恩的三件事情。一開始我提議這樣做，主要是想提醒自己，每天不管過得怎麼樣，都應該多想想感恩的事情。慢慢我們一家人愈說愈多感恩的事情，特別是女兒，她好像更會正面看事情，好像變得更樂觀。有一次我想要買的一件東西買不到了，難免有一點失望，可能也在我的表情或語氣中表現了出來，女兒那個時候突然跟我說：「媽媽不要緊，我們家裏還有很多其他的東西呢！」後來想想我也覺得挺驚訝，她沒有被我的失望表現影響，反而從正面的角度來看事情，更會反過來安慰我。我們每個晚上分享感恩的事情，讓她久而久之習慣了凡事往好的方面想的性格，在困境時也會數算她擁有的。

　　要提高孩子的樂觀感，平常就要多跟他們用正面的角度看事情，也要多花時間教導他們積極地跟自己內心對話，在灰心的時候幫他們換另外一個角度看事情，讓他們不會失去盼望。多培養感恩的心，他們就可以在逆境中，自然地想到正面的話來鼓勵自己，也會想到可以幫助自己解決問題的資源，抗逆力就可以提高，更有效、更有力量地面對挑戰。

總結

　　要孩子學到以上幾點，最重要的是「以身作則」（鄭穎怡，2019）。我們試試停下來，想想自己上一次發脾氣是甚麼時候？是為了甚麼事？我們遇到困難的時候，都勇敢面對嗎？有做到明確的決定嗎？這就大概可以看出，我們在孩子面前，對抗逆力的身教是怎麼樣的。孩子從出生到成年前，所有時間不是在家裏，就是在學校。家長和老師可以成為孩子的好榜樣，在處理學校大小事務時讓孩子看到你的積極態度。

　　在平常生活中，我鼓勵大家可以多跟孩子分享你的生活：你每天遇到的人和事、你處理不同事情的方法。我認識一個朋友，每天晚上吃晚餐的時候，都會跟孩子分享一下每個人的一天過得怎樣，朋友也會説自己經歷的，不管是生活或工作上的如意和不如意事情，不會因為孩子年紀小、聽不懂而不告訴他們。朋友説這樣做不但可以增進彼此之間的了解，也可以讓他們知道爸爸媽媽不是聖人，會遇到挑戰和挫折，也會有犯錯的時候，關鍵在於爸媽願意勇敢冷靜地面對。一家人甚至可以一起討論解決的方法，集思廣益，這更能幫助孩子從父母身上學習決策能力，提高他們的效能感。慢慢我看到他們的孩子真的跟其他小朋友有點不一樣，就是他們更能體貼父母，更願意為家庭付出，這就是我在前文提到的歸屬感，一家人是充滿愛和互相支持的。最重要的是，孩子也被他們爸媽的樂觀感染，遇到挑戰或不如意事都可以處之泰然，不輕易放棄，這些是我在十歲八歲的小孩中很少看到的。我想他們「飯桌上的分享」

在孩子品格和解難能力的培養上應該功勞不少吧！

　　總括來說，要培養孩子的抗逆力，當父母師長的我們絕對不能懶惰。我們首先要做好自己，以身作則，放手讓孩子經歷生活中的起跌，並在其中循循善誘，給予孩子適當的愛、鼓勵和支持。我們且要明白培養孩子的抗逆力不是一朝一夕的事情，需要大家共同努力，要有永不放棄的精神，才能成功。

給家長的話：

1. 抗逆力是可以從小培養的，首先要我們願意放手讓孩子經歷挫折，並且培養他們的獨立決策能力，這便能提高他們的效能感。
2. 給孩子陪伴、愛和關懷，讓他們更有歸屬感，是發展孩子的抗逆力的必要條件。
3. 給孩子更多肯定和鼓勵，教導他們跟自己對話，幫助他們發展樂觀感。
4. 做家長的要以身作則，反省自己遇到困難時的反應，看看有否為孩子樹立一個表現抗逆力的好榜樣。

參考資料

Bandura, A. (2010). Self-efficacy. *The Corsini encyclopedia of psychology* (4th Ed.). Hoboken, New Jersey: John Wiley & Sons, 1534-1536.

Heider, F. (1958). *The psychology of interpersonal relations*. New York: John Wiley & Sons.

Peterson, C and Seligman, M.E.P. (2004). *Character strengths and virtues: A handbook and classification*. Washington D.C.: American Psychological Association.

Richardson, Glenn E. (2002). The metatheory of resilience and resiliency. *Journal of Clinical Psychology*, 58 (3), 307-321. doi:10.1002/jclp.10020

Ungar, M., & Hadfield, K. (2019). The differential impact of environment and resilience on youth outcomes. *Canadian Journal of Behavioural Science*, 51(2), 135-146. https://doi-org.ezproxy.eduhk.hk/10.1037/cbs0000128

鄭穎怡（2019.1.18）：〈父母與孩子一同抗逆〉,《明報》教得樂,頁18。

生命及倫理研究中心（2017）：《子女對父與母參與的觀感及自尊感的關係》,生命及倫理研究中心：http://ethics.truth-light.org.hk/le/survey/report

三

與人和自己和好
的 重 要 能 力

自省能力

石美寶博士

當今世代仍需「三省吾身」嗎？

儒家學派有一名言：「吾日三省吾身。」（《論語‧學而》）事實上，類似的話常由師長或父母道出，如：「你自己反省一下吧！」通常成人說這句話是由於孩子出現一些不理想的行為，因而說這話時往往會帶點情緒，有時是憤怒，有時是無奈。無論如何，他們只想提點孩子反省個人行為，希望日後有所改善。可是，孩子能否在一聲令下就懂得自我反省而有所改變呢？美國著名教育家杜威曾說：「我們不是從經驗中學習，而是從反思經驗後才有所學習。」（Dewey, 1933, p.78）有些缺乏自省能力的人，較大可能只看到問題總是在別人身上，未能切實審視個人的不足；這種情況既無助於自我改進，亦難在朋輩中獲取認同，嚴重影響人際關係的建立，妨礙長遠發展。故此，孩子未必能經一事就可長一智，而是需要反思所經驗的事情方能有所頓悟。雖然自古已強調自我反省的重要性，但活於新世紀的孩子更需要掌握「三省吾身」的技能，因為今天的學習模式已有明顯改變。

二十一世紀的學習模式着重自主性，強調學習者高度參與學

習過程，並為個人學習負上責任。因此，新一代學習者傾向於從經驗中學習（Experiential Learning），若要達至深度學習（Deep Learning），反思（Reflection）就是這過程中掌握學習重要的一環（Boud, Keogh, & Walker, 2013; Higgins, 2009）。反思能讓學習者進深理解所經驗的事情及明白箇中意義，使學習更深刻，也能將所學轉移及應用於其他範疇。

在文獻中有些詞彙跟「自省」的概念或意義十分相近，如：自我覺察（Self-awareness）或自我認知（Self-knowledge），這些都是關於個人對自我的認識，包括情緒、行為、思想、強弱項等。另一些詞彙亦會在文獻中交替使用，如：自我反思（Self-reflection）、自我檢討（Self-evaluation），這是覺察自我及自我認識的過程。人們若具備自我檢討或評價的能力，能正面思考及管控情緒，對個人能力充滿信心，亦預期在事業上較能獲取滿足感（Stumpp, Muck, Hülsheger, Judge, & Maier, 2010）。此外，有學者提出能自我反思的人就具備內省智能（Intrapersonal Intelligence）（Gardner,2011）及自我調控（Self-regulation）（Boekaerts, Pintrich, Zeidner, & Pintrich, 1999）的能力，他們在人際溝通及自我完善方面的表現會較佳。要培養孩子的自省能力就必須協助他們從外在經驗逐漸走進內在反思歷程，而自我覺察就是這歷程的起始點，過程中，孩子需要與自我對話，透過這歷程對自我的經驗、感受、認知、動機、需求等均有進一步認識。當人對自我認識更多，就能更有效管控個人的情緒、行為和想法，提升各方面的能力，適當管理人際關係，達至個人目標及獲取成就。

從小訓練自我覺察的能力

當我女兒只有歲半時，曾因不滿一些情況而發脾氣，並躺在地上哭鬧，於是我帶她到床邊的角落着她坐在地上，待安靜後才可離開，而我便坐在沙發留意她的舉動。當然她很快跑出房間嘗試繼續哭鬧，我再次帶她返回原位，只提醒她要安靜。如是者，她數次跑出來，同樣我仍把她帶到角落去。終於，她安靜地走到我身邊，我便開始詢問她哭鬧的原因，她亦嘗試表達。這種情況在兩周內出現了數次，每次我都帶女兒返回那個角落，讓她學習安靜下來。有一天，我突然發現客廳沒有兄妹玩樂的聲音，向兒子詢問下才知道女兒不滿哥哥的遊戲方式，之後不發一言便走進房間坐在那角落，當時只見女兒兩頰通紅，我問她為何不繼續玩耍，她只回答說「我要安靜」。過了差不多一分鐘，她又跑到客廳繼續跟哥哥愉快地玩樂。雖然女兒未懂得仔細反思憤怒的因由，但已經明白當有情緒時需要找個地方安靜下來，留意自己的狀況，這就是自我覺察的開始。其實，幼兒已有能力認知個人情緒，只是未有足夠說話能力表達而已。

曾經有兩兄弟在小學階段常到我家中跟小兒遊玩，但兄弟二人在決定遊戲方式或由誰作主導均容易發生爭執。為了讓孩子對個人行為作出反思，減少衝突，我告訴孩子若衝突出現，他們便要到大門前的位置，我稱為「修和角」，要求他們在那裏反思自己的行為在哪方面不適當。起初，他們在「修和角」仍站着互相指罵，因而要繼續停留在那處再作反思。我向他們強調需要反省個人行為及

態度，並非批判別人的不是。當他們平靜後便向我告知其個人不是之處，在聆聽雙方陳詞後，我鼓勵他們握手言和，然後便可繼續遊戲。當然，這段學習過程，在一天內發生了多次。我觀察到孩子每次停留在「修和角」的時間逐漸減少，由被要求作反省至他們自行進入「修和角」處理爭執、反思個人問題及與人修好；由滿懷敵意互相指責到平靜反省個人不足之處，孩子學會在衝突時不應只顧向外將責任推卸給對方，而是將目光轉往內在檢視自我，這正是自省的過程。在日常生活中，我們總會遇上各種環境或人際間的困難，負面感受在所難免，惟懂得自省的人，不但有能力管控自己的情緒、思想及行為，更有能力建立和諧的人際關係。

自我反思能力導向高階思維

　　自我反思是由回顧經驗開始，並學習向自己提問的過程，從較低層次開始提問一些表面而具體的事情，然後逐步邁向深入而抽象的思考。根據不同學者的論述，反思能力具層次之分，大致可分為四級：（一）理解個人經驗及反應（Reporting and Responding）、（二）事情與自身經驗及認知的關係（Relating）、（三）事情背後的原因（Reasoning）、（四）重建個人想法或改變行為（Reconstructing）（Bain, 2002; Ryan, & Ryan, 2013）。首先，理解自己的經驗及反應，例如發生了甚麼事？我對這事情有甚麼感受？我留意到甚麼？然後，反思這事情跟我的經驗、所學及所理解的有何關係。繼而進階至較高層次，深思

及向自己提問在事情背後的原因，例如為何我對這事情有這樣的反應？直至最高層次的反思在於重新建構個人的想法或改變將來的做法。若父母以外在提問方式協助子女掌握反思能力，子女便會學懂向內在自我作出提問，並在思想及行為上作出改變。這不但強化個人自省能力，更逐步發展成高階思維（High Order Thinking），有助促進子女未來在學業及事業發展的能力。

我嘗試以一個中學生的例子說明如何協助青少年建立自我反思的能力。曾有中三學生皓朗主動為班中同學集體影印課堂補充資料，大部分同學都把名字寫在購買表上，只有兩名同學是透過智能電話在不同時段發訊表示購買。分發資料當天皓朗才發現忘記計算那兩名同學，其中一名同學以埋怨的態度指責皓朗。皓朗回家後感到悶悶不樂，並向父母道出事情始末。父母問皓朗：當那同學指責你的時候你如何應對？你面對這指責有何感受？（反應）有何原因驅使你主動幫助同學？這同學的表達跟平日相處有何分別或你如何理解他的情緒反應？（事情的關係）為何你沒有反駁對方？為甚麼你把自己的補充資料送給他？是甚麼令你感到難受？（事情背後的因素）你認為自己在哪些地方做得好？下次若再有類似事件你會如何處理？（想法與做法的改變）

以上各種都是開放式提問，並非封閉式問題只了解「是與否」或「對與錯」。開放式的提問容讓子女更自由地表達內在所思所想，同時幫助父母覺察提問時不宜存在過多對子女行為背後的假設，如：你不反駁對方是否介意別人的看法？（封閉式提問），更好是改為：有何原因令你選擇當時不反駁對方？（開放式提問）。

當然，使用封閉式提問打開話匣子是可行的，但更多開放式提問能讓子女暢所欲言，讓父母進深了解青少年子女的想法。有時，家長們或許認為從小已深明子女的想法，但青少年期的子女更渴望父母更深認識他們，因這時期他們在各方面都有着不同程度的變化；能懷着好奇心重新認識青少年期的子女，將會令親子關係更親密，縱使子女能在生活上自立但情感上仍與父母緊密聯繫（Separated but Connected）。同時，子女在回應提問的過程中，不單把想法告知父母，同時也告訴自己，透過聆聽自我的想法增強自我認識，提升自省能力。

創造空間培養自省能力

自我反思是讓人進入內在思想及聆聽自我的一個歷程，那麼，家長要培養孩子的自省能力便要為他們創造空間。有些家庭會為孩子安排「個人時間」，即父或母會安排與子女有個別相處的機會，特別是安排一段談話時間，好讓子女能有較充裕的空間跟父母傾吐心聲。事實上，不論孩子或父母均需要適應個別傾談的相處方式，建議家長預早相約孩子並讓他們一起討論地點及時間，讓孩子感到這約會的重要性，尤其家中有兄弟姐妹的話，這「個人時間」更是彌足珍貴，能「個別擁有父母」的時刻可以是一些孩子畢生難忘的經歷。展開愉悅的「個人時間」，父母可跟孩子閒談，如了解近期愉快的經歷及感到滿足的事情，再進一步聆聽孩子的關注，當孩子描述不同經驗後，父母可按上述提及的提問方式，引導孩子表達由

具體外在事情進入內在感受、想法、動機與需求。在繁忙的都市生活中，父母願意放下智能電話，專注聆聽孩子的經歷與感受，孩子會感到被愛與尊重。「個人時間」中，孩子在父母的循循善誘下學會回顧經驗、感受當下、展望未來，這正是培育自省能力的重要旅程。

　　隨着子女年齡增長，他們在生活中擔演的角色及承擔的責任逐漸增加，人際網絡漸廣且趨向複雜，面對學業及事業發展，較年長的子女需要更多時間及自處空間去認識個人興趣、能力與價值，好能為未來發展作準備。有些父母會在一年伊始鼓勵孩子訂定該年的奮鬥目標，這些良好意向通常在最初幾星期有所進展，惜孩子往往後勁不繼，未建立良好習慣卻已忘初衷。其實，訂定計劃時需先作反思，檢視自己過去的情況，向自己提問有關自身的能力與限制，方能訂立切實可行的目標；欠缺反思的計劃每每只是紙上談兵，或只是加添一次失敗經驗。

　　我曾經在孩子高小及中學階段，嘗試教導他們繪畫自己的生命線（見頁106圖），我着孩子回顧過去在不同年紀經歷過的一些難忘事情，並按當時愉快或難過的情緒以高低位置表示。原來，孩子做這小習作時會很安靜及認真，他們透過這活動走進自己的經歷，亦是個人反思的開始。完成後，我和孩子傾談，一起數算過往的成功經歷，確認孩子的強項；細說一些難受的事情，讓他們了解到自己的軟弱。更大的發現是，作為父母，我們聆聽到過去不自覺間，自己的説話或行為曾給孩子帶來傷害，這正是良好的契機跟孩子修和，再肯定彼此愛的關係。在協助孩子學懂自省的同時，父母也有機會反思自我，重建教養方式，加深親子關係。

我的生命線

高
情
緒
指
數

1　2　3　4　5　6　7　8　9　10　11　12　13　　　年齡

父母正面的態度是建立子女自省能力的催化劑

幼童期是孩子學習自我覺察的重要階段,父母可以在引導孩子表達時,教授一些感受或形容個人行為的詞彙,鼓勵他們多表達自己的想法,有時也可以加一點創意,讓孩子用圖像或角色扮演等方式表達自己。如此,他們慢慢學會對自己的感受與行為多點留意。及至小學階段,孩子的語言能力有所提升,父母宜嘗試多提問孩子在事件當中的經驗,如深刻的事情、對別人及事件的理解、對個人的強弱項的觀察等。這階段的焦點在於建立孩子反思的習慣,有些孩子已能說出行為背後的動機,尤其是一些負向行為出現時,如撒謊、攻擊性行為等,父母宜避免過早作出判斷,讓孩子在安全及被接納的情況下道出內在的感受與想法,建立互信的親子關係有助子女在下一階段對父母作出坦誠的自我披露。

青少年階段的子女大抵已有自我反思的能力,他們由依靠外在別人的提問逐步發展至個人內在省察。此時,家長的角色由引導者變為聆聽者,子女較期待父母的聆聽與支持甚於建議或教導。提問

貴精不貴多，聚焦於內在感受、想法及需求。有時，青少年在這成長階段情緒起伏較多，他們需要較多空間跟自我對話作反省，父母或許要多點耐性等候適當時機再跟子女詳談個人經歷與想法。一個悠閒輕鬆的時間與空間將有助父母與青少年子女真情對話，同時，父母主動自我披露可讓子女認識父母如何作個人反思，亦容讓子女學習成人間的對等談話，促進子女邁向成人階段。

參考資料

Bain, J. (2002). Reflecting on practice : *Student teachers' perspectives*. Flaxton, Qld.: Post Pressed.

Boekaerts, M., Pintrich, P. R., Zeidner, M., & Pintrich, P. R. (Eds.). (1999). *Handbook of self-regulation*. Retrieved from https://ebookcentral-proquest-com.ezproxy.eduhk.hk.

Boud, D., Keogh, R., and Walker, D. (2013). What is reflection in learning? In D. Boud, R. Keogh, and D. Walker (ed.), *Reflection: Turning experience into learning*. New York: Routledge, 7-17.

Dewey, J. (1933). *How we think*. Boston, D. C.: Heath & Co..

Gardner, H., & Ebrary, Inc. (2011). *Frames of mind: The theory of multiple intelligence* (2011 ed.). New York: Basic Books.

Higgins, P. (2009). Into the big wide world: Sustainable experiential education for the 21st century. *Journal of Experiential Education*, 32(1), 44-60.

Ryan, M., & Ryan, M. (2013). Theorising a model for teaching and assessing reflective learning in higher education. *Higher Education Research & Development*, 32(2), 244-257.

Stumpp, T., Muck, P. M., Hülsheger, U. R., Judge, T. A., & Maier, G. W. (2010). Core self-evaluations in Germany: Validation of a German measure and its relationships with career success. *Applied Psychology: An International Review*, 59(4), 674-700.

關懷別人

鍾耀斌博士

　　自二十一世紀開始，社會普遍瀰漫着一種「要贏在跑線上」的心態，促使過度競爭成為常態，對我們下一代的身心靈造成極大的壓力和傷害。當人人都想在競爭中取得成就，試問有多少人願意把自己艱苦爭取得來的東西施予別人呢？

幫助別人與個人利益

　　志雄在一所充滿競爭氣氛的學校就讀，低年級的時候，他還會花時間教導同班成績較弱的同學；及後，從教師和父母的教導中，他領會到考試成績取得更高的名次，他才有價值。故此，他慢慢地變得自私，認為過去幫助同學，除了浪費了他的時間，還會增加他在名次上競爭的對手，要取得較高名次的難度也更高。事實上，取得好成績，並不是從與他人比較而獲得，真正有能力的學生，對手只有他自己。研究顯示（Dweck, 1986），若只跟同學作比較，除了製造更多假想敵人，對長遠的學習動機或提升自己的成績，並不會帶來甚麼好處。在過度比較的前題下，幫助別人或會暫時影響個人利益，但實際上，個人能力和表現並不是靠比較來決定的；相

反，太多比較，對能力反而產生負面影響。

　　作為父母，我們應該怎樣教導孩子去抗衡這一種自私和不健康的現象呢？家長需要培育孩子「關懷別人」的能力和待人處事的正確態度，這是大家都需要關注，但又經常忽略的一個課題。

「關懷」是由別人的需要開始

　　「關懷別人」是指對其他人着緊的態度，透過觀察或聆聽，明白他們的困難和需要，關心他們，願意為他們付出幫助的行為，例如捐助災民，安慰和支持傷病者等；「關懷別人」是「利他行為」（Altruism）（Fehr, 2003）的第一步，「利他」是一種無私的、為他人好處着想的行為，看到別人幸福快樂，比自己的好處來得更重要，它亦是人類獲得快樂的其中一個途徑（Seligman & Csikszentmihalyi, 2000）。家長或可先試試和孩子一同數算，在我們每天的生活中，有多少經歷與關懷別人相關，讓孩子開始意識關懷別人的重要性。

　　在家裏，有人為我們洗衣弄飯、打點收拾；在街上，我們在賣旗袋裏放入小錢幣；在公車上讓座給有需要的人；或在學校、社區裏，參與大大小小的義工服務，甚至只是對人一個真誠的微笑，都給我們暖在心的感覺，這都是「關懷別人」最簡單的行動。父母也可跟孩子講講故事，帶出「關懷」在群體中的重要性。

群體與關懷

刺蝟這種小動物，身上長滿了短刺，當發覺受到威脅的時候，牠會把刺伸長，用來保護自己。在一個冬天寒冷的晚上，為了保持體溫，有一隻刺蝟提議大家先把短刺收起，再擠在一起取暖；最初大家都感到疑惑，畢竟，這不是牠們慣常相處的做法，但因為天氣實在太冷，在迫於無奈下，牠們嘗試一隻靠一隻，大家身體貼身體，阻止寒風從牠們刺間的縫隙穿過，結果相當奏效，大家都感到很溫暖，而且站在圈內跟圈外的刺蝟輪流替換位置，沒有一隻刺蝟因太冷而倒下。

人是群體生活的動物，懂得彼此關懷，放下自己的利益，人類的生命才會像這群刺蝟一樣，得以保存。

關懷背後的動機層次：由外到內

在孩子成長的過程中，根據Kohlberg（1963）的「道德發展理論」，透過「好行為有好結果」的邏輯，以讚許作為誘因，鼓勵孩子仿效，是孩子在幼稚園或初小階段，鼓勵他們「關懷別人」自然不過的手法。但隨着孩子不斷成長，他們便會提出更多看到的矛盾，我們因此需要深入地和他們討論「關懷別人」背後的動機，從外在到內在，是有層次的。外在動機不一定是負面的，例如那群刺蝟的故事，為了生存也是一種外在動機，父母關懷子女，朋友、夫妻、師生彼此關懷，背後都期望維繫某一種人倫關係。期望這些

回報並不是錯的，它只是「關懷別人」的第一步，例如學校會用記錄優點鼓勵同學參與義工活動，用「好人好事」壁報板來推動關愛文化，父母也應該對孩子為別人做的好事而給他讚賞，因「關懷別人」為自我帶來一點滿足，亦是正常不過的事情。

但是，我們卻需要思考，究竟我們會否只因為這一種自我滿足而強把「關懷」加在別人身上呢？要知道，別人也有權不接受我們的關懷呢！當關懷別人而遭拒絕的時候，我們有沒有因此心裏感到難過而埋怨呢？還是學會反思，是自己忘記了別人的需要和感受，只把一些我們認為好的東西，以施捨的心態，強迫別人接受呢？這又是值得我們注意的地方。

關懷別人更高的層次當然是內在動機，行動背後不求任何回報，只想滿足別人的需要，為他們帶來好處作首要考慮，這也是「利他」的境界。若從資源角度出發，有人認為只要自己有多餘的，即使沒有回報，也不介意給人付出多一點，例如反正我口袋裏有多餘的幾個小錢，便主動走到賣旗的義工前，把小錢放進旗袋裏；或是看看手錶，我還有足夠時間，可以慢慢扶着那位行動有困難的伯伯橫過馬路。

最高的一種層次，助人者甚至不考慮自己的資源是否足夠，總是不附帶任何條件，選擇捨己助人，把別人的需要放在比自己更重要的位置上。例如有些青年義工犧牲自己溫習和睡眠的時間，為基層學生的戶外學習做籌備；又如有社區義工花費金錢為獨居長者修整家居等等。作為家長，我們需要常常提醒孩子，跟他們分享和反思有沒有準備更高層次的付出，因為動機層次愈高，關懷才顯得更

有意義，堅持度也會愈強，也更能幫助到別人。孩子還小的時候，父母可在睡前問他們有沒有「日行一善」，讓他們分享感受，並藉此鼓勵他們向更高的動機層次推進。

關懷與「啟發潛能教育」

關懷不一定要忘我，在教育理論中，關懷自己和別人都是「啟發潛能教育」（Invitational Education）（Purkey, & Novak, 2008）理論中的一個重要信念基礎和核心，其他基礎要素還包括：尊重、信任、樂觀和刻意，透過建立這些要素，學生的各方面發展（包括學業、社群及個人）才會完備，內在潛能才得以發揮。當中，沒有任何一個要素，比真誠無偽的能力和心願去關懷自己和其他人更重要。關懷的內涵包括溫暖、同理心和積極的態度，這種技能為人類在自己和他人的生活中，賦與了存在的意義。

在本地推行「啟發潛能教育」的學校，他們推展的關懷行動不比外地的學校遜色，除了培訓校內每一位教職員外，也把資源投放在家長教育中，例如為家長舉辦工作坊，講授關懷對孩童情緒健康（Emotional Health and Well-being）的重要性（Connolly et al., 2011），當然也會透過建立學生的習慣，例如經常安排學生書寫慰問卡及鼓勵卡給身邊的同學、家人和教師，以至患病的親戚朋友，並經常舉行以關懷為主題的活動，例如探訪弱勢社群、親子募捐、點唱鼓勵與祝賀；甚至有學校把傳統的「風紀隊」改名為「關懷領袖」，以帶出關懷文化（LSTPS, 2008）。

「關懷別人」的阻力

孩子的心是最善良的，他們應該是最會伸手助人的，但奇怪的是，為甚麼這種本能卻隨着他們長大而削弱了？除了過度競爭，「冷漠」心態就是「關懷別人」的最大阻力。冷漠是對其他人的需要視而不見、聽而不聞，這種態度不是在偶然一刻出現的，孩子必定經歷過一些不愉快的事情，久而久之，他們才會為自己建立壁壘，不願意把雙手伸出，避免再次受傷。試想想，在我們的經歷裏，有沒有聽過一些這樣的話呢？

「你自己都搞不好，怎樣去幫人呢？」

「你的朋友不是有真正的需要，他是騙你的，幹嘛你這麼蠢去幫他呢？」

「你去幫他，他還埋怨你，你不是自討沒趣嗎？」

試問，做了一件好事，不但得不到讚賞，還換來批評與埋怨，若沒有家長的鼓勵，你認為孩子還會有動機繼續幫助別人嗎？冷漠就是由這些負面評語助長出來的。

更嚴重的就是有些流氓選擇在街上出賣自己的尊嚴，假裝行乞，收買同情，孩子看在眼裏，若沒有父母解釋社會上這些惡行，他們也大多選擇「冷漠」面對其他人的需要，因為我們每個人的心底裏，都害怕被欺騙。愈多欺騙，便愈不信任，關懷的行為也變得愈稀罕。大家對「狼來了」這故事應該耳熟能詳，牧羊人起初都抱

着「關懷別人」的態度去保護牧童，但一次又一次的謊言，回報牧童的就是冷漠，無論那些謊言是否無心戲言，最後都要由整個社會承擔謊言帶來的惡果。

樹立榜樣

根據「正向管教」（Positive Parenting）的原則，樹立榜樣（Role Model）是教導孩子正面行為的重要策略（Graaf, Speetjens, Smit, Woff, & Tavecchio, 2008）；作為父母，我們可以由家庭開始，要先注意自己的說話，要對孩子或其他人做過的好事，提出明確的讚賞；另外，可透過每天吃飯或睡前的對話，提出一些可以「關懷別人」的途徑，或解釋他們觀察到令他們不安的問題；至於家務分工，也是鼓勵孩子參與「關懷別人」的第一步行動。你也可以透過和孩子參與義務工作，一同體驗助人的樂趣。

總括而言，若大家能放下自我中心，主動建立互信，減少過度競爭，相信不久「關懷別人」的文化便得以建立。作為家長，你是否真的想你的孩子建立這種技能呢？你會放下一定要他們在比賽中拿到獎牌的野心嗎？要孩子學會「關懷別人」，你會作為他們的模範嗎？

給家長的話：

1. 「關懷別人」不單是付出，更重要是付出前有沒有真正考慮到別人的需要和感受。
2. 「關懷別人」背後的目的有不同層次，隨着孩子的成長，讓他們學會無條件地付出。
3. 恰當地處理孩子受傷的經歷，讓孩子跟別人建立信任的關係，好讓他們更多關心周圍的人和事。
4. 減少不必要的競爭，由家庭至社會，建立關愛的文化。
5. 和家人一同參與義務工作，以作為孩子的榜樣。

參考資料

Connolly, P., Sibbett, C, Hanratty, J., Kerr, K., O'Hare, L. and Winter, K. (2011）. *Pupils' emotional health and wellbeing: a review of audit tools and a survey of practice in Northern Ireland post-primary schools*. Centre for Effective Education, Queen's University Belfast. Retrieved from https://www.escholar.manchester.ac.uk/api/datastream?publicationPid=uk-ac-man-scw:158041&datastreamId=FULL-TEXT.PDF.

Dweck, C. S. (1986). Motivational processes affecting learning. *American Psychologist*, 41, 1040-1048.

Fehr, E. (2003). The nature of human altruism. *Nature*, 425(6960), 785-791.

Graaf, I., Speetjens, P., Smit, F., Woff, M., & Tavecchio, L. (2008). Effectiveness of the triple p positive parenting program on parenting: A meta-analysis. *Family Relations*, 57, 553-566.

Kohlberg, L. (1963). Development of children's orientations toward a moral order. *Vita Humana*, 6, 11-36.

Lok Sin Tong Primary School (LSTPS) (2008). *The Story of Invitational Education in a Primary School*. Retrieved from https://www.lstps.edu.hk/ie/ieIntro2/Our%20invitational%20education%20story_full%20version_.pdf.

Purkey, W., & Novak, J. (2008). *Fundamentals of invitational education* (1st ed.). Kennesaw, Ga.: Alliance for Invitational Education.

Seligman, M. E. P., & Csikszentmihayi, M. (2000). Positive psychology: An introduction. *American Psychologist*, 55(1), 5-14.

團隊合作

甘偉強先生

團隊合作 —— 致勝關鍵

　　與其說要贏在起跑線，倒不如說要贏在團隊合作！團隊合作是運動比賽的致勝關鍵，過去我帶領的球隊個人能力不算太強，沒有「星級」球員，但往往就是憑藉團隊合作及體力打垮對手。擁有團隊合作精神的人，善於與別人合作、達成一致目標。他們是效忠和致力於團隊的隊員，經常完成自己的分內事，對團隊有很強的歸屬感，願意為團隊的成功而努力。經濟合作暨發展組織（Organization for Economic Co-operation and Development, OECD）分別在2015與2018年，於評量各國十五歲學生是否具備進入職場、參與未來社會的基礎知識與技能的國際學生能力評量計劃（The Programme for International Student Assessment, PISA）中納入合作問題解決（Collaborative Problem Solving, CPS）與全球素養（Global Competence, GC）。其中合作問題解決指的是個人具備能夠有效地與兩個或兩個以上的參與者在解決的過程當中，藉由分享獲得解決方法所必須要有的理解及能力，並共同努力提出彼此的知識及技巧，以達成問題解決的能力（OECD, 2013）。

隨着知識經濟時代的來臨，知識及技術均不斷發展，社會對未來一代的要求也更多元化，致使人們的工作環境愈來愈複雜，從而團隊合作模式也愈來愈受到重視。所以二十一世紀可謂是需要建立合作共同解決困難的時代，當團隊中的成員對其目標具有高度認同感，並願意藉着彼此之間的互賴、協調與互動共同達成團隊的目標，這個團隊即可被稱之為團隊。

成為團隊成員的挑戰

最近去過一家我在舊居時常去的西餐廳，發現餐廳老闆以前僱用的年輕侍應，已經轉為一些中年家庭主婦。我問老闆，莫非想營造私房菜的氛圍？可是，老闆告知新一代的年輕人自以為是，常常遲到，說要放假就要放假，往往把餐廳的工作需要放於次要，那餐廳又怎能妥善營運呢？若要維持團隊而體諒他們的困難，相信餐廳很快就不能維持下去了，因此改為聘用較可靠的中年媽媽。香港年輕一代確實使人擔心，他們是香港的未來，但似乎常常被人覺得只問自己應得的，不問自己可貢獻甚麼。當大部分家庭都只有一至兩個孩子，父母很容易能滿足到子女的要求。孩子不容易有解決問題的機會，更不用說建立孩子與別人合作的能力了。所以家長如過分強調個人與他人比較，缺乏團體合作的建立，養成以競爭和比較來突顯成功的價值，就與現今講求建立團隊合作解決問題的能力背道而馳。合作能讓孩子建立情感世界，學懂關心、友愛、謙讓，也能學習自己解決矛盾和增強團隊凝聚力，建立人際關係。

團隊中要與孩子一起

　　我有一個十七歲的兒子，他是一個童軍領袖，常常問我如何做好應有的領袖角色帶領他的小隊，令團隊合作發揮得更好。他覺得不知如何推動隊員的動力，可是又怕得失彼此的關係。其實團隊合作又好像一隊足球隊，如果每個球員都只想入球，有誰會願意傳球製造入球機會呢？要發揮團隊合作，不因為團隊中有人跟不上而放慢全體的速度，而是幫助弱者變強，讓強者更強。當團隊中的每個人都發揮實力了，自然就成為超強團隊了！我看過一篇有關馬拉松運動員莎蓮·費蘭根（Shalane Flanagan）的報道，她是2017年11月紐約馬拉松的冠軍，也是四十年來第一次拿下冠軍的美國人。過去，獎項都由肯亞、埃塞俄比亞等非洲國家的選手包辦。費蘭根提拔了十一位後輩，通通進入了里約熱內盧奧運會。她帶人的方法，是把他們當平輩，跟他們一起跑。當年輕人在身、心上顯得落後時，她拉他們一把，幫他們趕上；當後輩都變強了，費蘭根自己就連帶變強。這不是她當初培育後輩的目的，卻是自然的結果。費蘭根成功的原因，就是提升團隊的合作；她不介意自己的輩分，與年輕人一起共同成長。所以我也告訴兒子，維繫良好的團隊合作精神，領袖與隊員一起是十分重要的。同樣，子女與父母一起也是重要的，有時父母得要稍為放下作為父母的執着，有時也可向子女學習，多點從他們的角度思考。

團隊建立讓孩子有份

在現今的社會，競爭日趨激烈，教育的任務在於培養既有紮實知識，又具創意的能力；也期望具有獨立自理能力，以及與別人溝通合作的能力。培養團隊合作精神，首要任務就是讓團隊成員有份。正如Tuckman和Jensen於1977年以團隊成員間互相依賴的程度，提出一個典型的團隊建立過程，主要共有五個發展階段，是必須而且不可逾越的。當中所有的經歷都很重要，包括團隊面對的困難、挑戰、處理、新發現、規劃等。這五個發展階段分別為：組成（Forming）、激盪（Storming）、規範（Norming）、執行（Performing）及休整期（Adjourning）。建立團隊的第一步是要從親身體驗開始，從團隊參與提出意見，彼此摸索團隊的規範；在家庭中也可說是家庭中的規範，簡單如可問孩子早餐想吃甚麼？以讓孩子在家庭團隊中有份。然而在建立團隊的過程中，難免有意見不一，激盪過程可讓彼此學習勇於提出意見，樂於接納別人意見。建立更強的家庭聯繫，使孩子在成長過程中勇於面對困難，在需要時與家庭共同商討。最後大家就會認同：我們需要團隊，否則很多事情也無法達成，而且團隊裏每個人都是重要的。最關鍵的是要每個人知道自己的有限性，從而激發出同舟共濟的團隊概念。所以，要讓孩子明白團隊，可從家庭開始，要讓其有機會為家裏的團隊出一分力，從中意識到自己對家庭負有責任，是家裏的一個重要成員。從而讓孩子把家庭精彩的生活智慧，代代傳承！

如果家中的孩子是幼兒，他們不會意識到自己在學習，但卻有

很強的學習慾望，環境對他們的影響很大，所以，父母的身教對幼兒極為重要。這階段的小孩會慢慢對社交和情緒有基礎的發展，他們會喜歡玩假想和角色扮演遊戲，也會跟其他小孩玩合作的遊戲，與同性的玩伴一起玩的機會較多，很多時會控制自己的行為，慢慢遵守規則。這個階段家長需要特別重視孩子在溝通、領導力和團隊合作等方面的培養，令他們更有自信，學會與其他小朋友溝通合作，以建立團隊合作的基礎。

小學階段的兒童對自我的知識和認知發展有限，需要提高孩子抗挫折的能力，幫助他們克服壓力。自我探索的能力雖未見成熟，但也得多與孩子討論與他們切身相關的議題，例如如何運用利是錢以協助家庭需要。

到了中學青少年階段，成長迅速由生理發展至心理成熟的情況，外在環境是對他們的自我正、負面的態度和行為上最直接的影響。當自我覺察的能力提高，便會更重視社會的比較。另外，青少年亦會容易受到學習動機、學業成就、同儕或團隊的影響，造成自我概念上變得逐漸複雜。中學階段是青少年發展自我概念的一個關鍵時期，在這期間，他們透過與「重要他人」（Significant Others，如父母、師長與同儕）的溝通，與社會環境的互動，以及對自己的行為表現歸因影響而形成自我知覺。所以，當孩子提出意見時，父母應多加考量，以理服人，令青少年懂得家庭的支持和團隊的支持。

培養團隊合作的情境

近年由於社會競爭壓力的轉型，導致父母過於重視兒童的學前教育，要贏在起跑線，忽略了遊戲的重要。體育活動、合唱團、樂團、制服團隊等講求合作的活動，是強化孩子團隊合作的一種發展，具教育功能，並具有協助兒童社會化的重要功能，父母更應以多元的團隊合作活動作為學習媒介，讓孩子學習成長並適應社會。孩子從中也能學會傾聽與協商，團隊不能一人意見獨大，要懂得妥協與接受，共同解決問題。團隊合作活動製造了很多情境，告訴孩子互動是雙向的，當他學會接受別人的想法，別人也能互動地、心甘情願地接受他的想法，而且團隊與個人不同，團隊的意義在於尊重多數人的想法及從不同人的身上學會多角度思維。

現代社會對於兒童遊戲及團隊活動的心理與社會層面具有重大意義，尤其是青少年時期，那是人生發展歷程中從「依賴的兒童」轉變為「獨立的成人」的過渡階段。這是一個非常重要的階段，他們正處於心理和生理變化急遽的風暴期；而同儕關係的建立是青少年主要發展階段的特徵之一。個人態度會受到同儕規範與期待影響，故此，在培養孩子建立團隊合作精神方面，遊戲及團隊活動發揮着不可或缺的作用，既能讓孩子體驗同儕間的影響力，又能呈現社會規範的調節作用。

在著名心理學家Erikson（1963）提出的心理社會發展觀點中，同儕對青少年而言是「重要的他人」。青少年時期個人面臨的是「自我認同危機（Identity Crisis）」階段，也就是他們在

此階段中，必須一再調整自己的價值系統、對自己的基本信念、職業傾向、對社會的因應等自我結構，以形成一種自我的整體感（Erikson, 1994），從而讓每個孩子從遊戲及團隊活動的情境中快樂學習與成長，並增進未來社會技能與生涯發展。

父母以身作則　成為家中團隊的領導者

父母是孩子的重要學習對象，具有團隊合作精神的典範，要以身作則領導家庭這個小而重要的團隊運作。但首先要了解孩子的品性，了解後提醒自己，不能按照對孩子設想的想法，去替他鋪一條路，這樣不但不能使孩子覺得在這家庭有份，更糟的是培養他們有這是「應得」的想法——父母會幫我想吧！所以，多給予孩子機會，讓他們自行作出決定；可以是一些與孩子有關的決定，例如暑期參加的活動。

我們也可以爭取孩子的信任。孩子信任我們時，與其他人合作也會變得較有把握，對家庭關係的建立亦有十分正面的影響。只有信任你，孩子才會找你，才會聽你的；要獲得這份信任，最重要是不要忽視孩子提出的問題和建議，應該誠實作答及以理回應，以家庭團隊的利益為依歸。父母關注家庭，以身作則教導孩子團隊合作的要素，不僅能讓孩子學習如何合作，更能有效建立家庭成員的關係。

參考資料

Erikson, E. H. (1963). *Childhood and society*. Toronto, CA: George J. McLeod Limited.

Erikson, E. H. (1994). *Identity and the life cycle*. New York: WW Norton & Company.

Organisation for Economic Co-operation and Development (OECD) (2013). *PISA 2015 collaborative problem solving frameworks*. Retrieved from http://www.oecd.org/pisa/pisaproducts/pisa2015draftframeworks.htm.

處理衝突

面對衝突是好是壞？

衝突是甚麼呢？陸洛（2017）在《哈佛商業評論》全球繁體中文版中指出那是一種心理狀態，也是一個互動過程。在我們面對彼此對立或互不相同，雙方目標不同的時候產生。

以下是一個衝突的例子：小明（小學一年級）與一大群小朋友一起玩耍，混亂間被芳芳（小學一年級）推倒後便大哭起來，並跑到媽媽跟前指着芳芳哭訴是她推跌自己。小明媽媽一邊拍拍小明的雙膝一邊說不要再哭；這時芳芳的媽媽忽然生氣地問芳芳是否推倒小明，並指着她的頭問她為甚麼那樣不小心。然後芳芳哭了，她的媽媽只好把女兒帶回家。家長往往希望避免衝突，又或是盡快平息衝突；其實，孩子間的衝突並不完全是壞事，它們是孩子學習解決衝突的最好時機。家長或會認為，假如任由孩子處理衝突，可能導致家裏無片刻安寧，又或影響家庭的和諧氣氛，因此大多會嘗試介入孩子之間的衝突，協助排解和調停。然而，處理同伴之間的衝突，在孩子的成長中也是不可缺少的一課。假如只利用父母的權威去平息孩子之間的衝突，而沒有幫助他們學習如何解決人際關係上

的磨擦與爭端，那麼這些方法只能收一時之效，卻無法防止孩子日後再為相同的事情發生衝突。要有效地排解孩子之間的衝突，家長必須在發生衝突的當下，教導孩子學習解決衝突的方法，這樣孩子才能逐漸學會考慮衝突雙方的觀點和需要，提高社交能力、語言表達能力和解決問題能力，成為受歡迎的人。

協助孩子處理衝突

Rahim（2002）認為若真的發生衝突，我們便要採取不同的策略，減低它帶來的負面影響，從而增加正面影響。衝突管理不單能解決問題，亦可以促進身心健康、改變自我中心的認知、建立良好的人際關係和適應力，更有助學業及工作成效。

衝突是在個人與不同對象，如家人、朋友、同學、鄰居、教師等互動的過程中形成的。而在幼兒發展階段，我們需要更加注意。顯然，幼兒的衝突行為很大程度是受到父母和家庭影響，其中家庭氣氛和處理模式無形中亦會令幼兒的發展定形。家長對衝突的處理亦要多花心思，在兒童不同的成長階段用上不同的方法，使孩子建立正向的社交行為。家長不能認為孩子還小，做錯了事沒關係，就遷就他們的錯誤行為，而應該讓孩子為自己的過失負責。責任感作為心理健康的基本要素，是孩子重要的品格之一，影響他們的學習和成長。責任感的培養需要從小事入手，家長要做到賞罰分明，如樂於助人的孩子，應及時給予表揚和鼓勵；若把同伴推倒了，家長也應及時給予批評和懲罰，並讓孩子知道推倒他人會造成的

嚴重後果。

在人際衝突發生時，人們通常出現五種型態去處理，隨後會產生三種結果。Eric Stutzman（2004）在平衡處理衝突的目標及與衝突者的關係上提出衝突管理的五種型態：

（一）競爭（Competing）——My way：多關心自己，少關心別人——衝突以角力解決。例如以上例子，小明媽媽就是堅持芳芳要對推倒小明負責，堅持爭取合理補償。

（二）遷就（Accommodating）——Your way：少關心自己，多關心別人——其中一方嘗試先滿足對方的慾望與目的。例如以上例子，小明媽媽可能就是覺得芳芳是無意的，體諒芳芳的不小心。

（三）迴避（Avoiding）——No Way：對雙方都不關心——其中一方察覺到潛在的衝突，迴避面對另一方的情緒。例如以上例子，小明媽媽可能就是即時帶小明離開，免得雙方衝突。

（四）共同研究／合作（Collaborating）——Our way, we both win：高度關顧自己及別人——尊重對方的目標，研究有甚麼方法可以共同達成雙方的目標。例如以上例子，小明媽媽可能就是帶同哭着的小明跟芳芳傾談，看看推倒的原因及如何解決各自的感受。

（五）協商（Compromising）——Give a little, get a little：中度關顧自己及別人——雙方的實力大致相同，經過一輪競爭後，協商出一個方案，達成各自部分的目標。例如以上例子，小明媽媽可能就是帶同哭着的小明跟芳芳傾談，看看推倒的原因及如何解決各自的感受；並建議芳芳道歉，小明接受芳芳道歉皆因她只是不小

心。讓小明明白芳芳不是有意的，而芳芳也對推倒小明表示悔意。

而衝突管理隨後所產生的三種結果包括：

（一）雙敗式衝突（Lose-lose Conflict）：雙敗的問題解決方式是雙方都不滿意結果。相信沒有人願意用這種方法；而事實上，這樣處理衝突還是相當普遍。「遷就」是兩邊皆輸最典型的方法，意即雙方都降低自己的需求，退讓一步，得到部分的滿足。

（二）單贏式衝突（Win-lose Conflict）：其中一方獲得滿足，另一方卻只得失望。衝突雙方界線分明、針鋒相對，各自有自己的立場及想法看待爭端。而且，雙方只關注結果、目光短淺。「權力」是「輸——贏」解決模式中的重要特質，因為打敗對手才能得到你想要的。

（三）雙贏式衝突（Win-win Conflict）：雙贏的解決方法，其目的是要尋求可以滿足雙方的解決方式，不但不用打敗對方，還認為可以一起工作，找到可以使雙方滿意又不必妥協的方法。

各位認為自己的孩子在處理衝突時是怎樣的？隨後的結果又會否出現上述情況？我們作為父母會否追求使孩子滿足，過於溺愛孩子而妥協呢？我們也得讓孩子明白衝突時所面對的環境，幫助他們審時度勢作出適當回應。事實上每個孩子都有不同，包括個性品格、成長經驗、家庭背景，故此對事物都有一番不同的論點與想法。所以在解決衝突時，除了協助孩子了解自己的立場及個人的想法，也需評估衝突的情境，包括與對方的關係，盡量尋求雙贏的局面。

在文章開首提及的個案中，小明被推倒後疼痛並且受委屈，覺

得這個行為是有問題的。而推倒人的芳芳並不察覺這是一個問題，因為她沒有感到心理不平衡。在孩子還未能確切掌握對與錯時，第三者（家長）有智慧的介入是很重要的。倘若照着文章開首的故事發展，小孩子的心理發展便變得不健康，並且對解決衝突有了錯誤的概念。

行動上，小明被推倒後哭着向媽媽告狀，希望媽媽能夠幫忙。而媽媽不單沒有教導小明如何處理當時的情況，更沒有關心小明的心情。另外，愛告狀的孩子往往是不受歡迎和人際關係較差的，恰巧這與我們成人社會是一樣的，哪有人喜歡愛告狀的人？

思想表達上，小明媽媽知道孩子跌倒後並沒有關心他的心情，只是叫他不要哭。這種迴避便造成孩子沒法抒發情緒，亦沒法得到合適的安撫。另一方面，芳芳媽媽在沒有詢問芳芳的情況下便斷定她推倒小明，沒有給孩子解釋的機會便一面倒地責罵，頓時使芳芳成為罪人。家長對處理衝突的「可免則免」手法，會成為孩子成長的絆腳石。

讓孩子學習處理情緒

恰當處理孩子之間的衝突，也是讓孩子認識和學習表達自己的情緒的機會，有助孩子提升社交能力，建立良好的朋輩關係。社交和情感學習（Socio-emotional Learning）正好讓我們了解如何讓孩子學習處理情緒。社交和情感學習是由被譽為情商之父的丹尼爾・戈爾曼（Daniel Goleman）和琳達・蘭提爾瑞（Linda

Lantieri）等人組織的國際性機構CASEL所倡議，目前是國際上比較系統的情商學習之一。社交和情感學習可以幫助孩子學習所需的能力和技能，以建立適應力並有效地管理個人情緒、行為和與他人的關係。CASEL以自我覺察（Self-awareness）、自我管理（Self-management）、社會覺察（Social awareness）、關係管理（Relationship Management）及具責任的決定（Responsible Decision Making）五大向度之下涵蓋的多種情緒能力，可經由訓練得以增強其技巧。（CASEL, 2019）

所以作為家長要教導孩子學習有關技巧，家長也先要不害怕幫孩子處理衝突，因為這是孩子成長過程中的一部分。其次不要過於擔心和生氣，發生衝突也是人生寶貴的教育時機，處理得當，可使孩子更懂得管理情緒並解決衝突。事實上，我們的情緒會首先從身體反應出來，例如當孩子被撞倒時，他的呼吸急速，胸口有較強烈的起伏，拳頭緊握着。這是身體的本能反應，顯示他非常生氣。至於撞到人的另一個孩子，他的眉頭緊皺着，滿面通紅，視線卻不敢直視被他撞到的孩子，這顯示他有羞愧之心，卻難以啟齒，但情緒已從肢體動作顯示出來。所以，家長首先要做的是幫助孩子意識到這些身體的變化，以及用怎樣的態度來回應內在情緒。要兒童描述自己的情緒並不容易，這時候我們可以用提問引導孩子去表達，例如問：「你是否很嬲？」孩子可能立刻回答：「是！」不要急於讓他平息嬲怒，可接着問他：「你身體何處感受到嬲怒呢？」

當我們引導孩子描述當下的情緒，可使孩子的大腦在情緒和理智之間快速切換或轉化，不但讓他們較容易平靜下來，還使他們理

智與情緒緊緊聯繫，較易控制情緒；同時在過程中重複提到情緒的名稱，是為着令孩子多熟悉這些情緒的表達，使他們將來若經驗相同的情緒時，可以清晰地向別人表達。要幫助兒童更好地管理自己的情緒，還可以訓練一些情緒管理的小技巧，例如要幫助孩子冷靜下來，我們可教他們做幾次深呼吸，再用水拍拍額頭，都是一些較有效的調節情緒方法。最後是教導孩子向對方表達對衝突事件的想法與感受，我們可鼓勵孩子以某種形式結束衝突，比如握握手、擁抱一下、説聲「對不起」等。

有效的溝通為處理衝突之鑰匙

很多衝突、不愉快事件，甚或遇上被欺凌，基本上可以歸根於溝通的問題。在日常生活中，面對衝突，如果只採用上述一些迴避、競爭、遷就等的方式去解決，這些較為負面的方式不但使衝突沒有得到妥善解決，更有可能被激化。所以，幫助孩子建立有效的溝通不單幫助解決所面對的衝突，更加能夠避免產生衝突。有效的溝通從聆聽開始，要知道願意聆聽別人的訴説，接着願意向別人表達自己的想法，並不是從衝突中妥協屈服，而是主動出擊的方式。在衝突發生的時候，先了解整個事件到底是怎麼一回事，了解衝突點、衝突的因素及可能會帶來怎樣的積極轉變等。

而在溝通的過程中，不要只聽攻擊性語言，聽聽字面背後的意思，即聽取關鍵信息及背後帶來的情緒。使我們直接抓住問題的關鍵和有用信息，而不用陷入毫無意義的攻擊與反擊之中。而且，在

聆聽時暫時忽略孩子說話的方式和內容，把注意力集中在發生衝突的原因上。教導孩子忍耐和克制攻擊的衝動，發自內心地去改變對話，將對話的重心從攻擊性語言轉移至弄清楚彼此對立的原因上，不要只是維護自己的立場。

在幼兒階段，孩子通常會在日常生活中與其他小朋友發生衝突，例如爭奪玩具，在這種情況下我們需要聆聽兩方的意見，表達自己是來幫他們解決問題的，舒緩他們的情緒，並透過溝通找出一致認同的解決方法。幼兒階段的小朋友沒有能力自己處理衝突，家長或第三者多一點聆聽和教導，往往能有效提升孩子的社交技巧及發展友誼。

小學階段的孩子，發生的衝突大多是同學之間的小爭吵，例如與同桌的同學有碰撞、某某同學不跟自己玩耍等等的人際關係問題。孩子往往會把情緒表達在臉上，當我們看到孩子悶悶不樂時，可以向他們提問：「怎麼你看似悶悶不樂？是否有事發生了？」家長應多讓子女表達自己的顧慮和需求，成為他們的傾訴者，建立良好的關係。這樣也能讓孩子認識如何正確地表達自己和煩惱，家長亦要鼓勵他們思考不同的解決方法，再一起探究哪種是最好的。例如可鼓勵孩子想出三種解決衝突的方法，家長不要批判這些方法，而應在最後跟孩子討論哪種方法是最好的，然後付諸行動。

中學時期的學生發生衝突時往往都是面對面的，雙方會發生口角或身體上的碰撞。孩子在這個階段都有批判性的思考，是解決衝突的仲裁者。家長除了聆聽和溝通，也需要更多的尊重，因為踏進青春期的孩子思維能力比較片面、情緒比較波動，如果他們意識

到父母對自己的尊重，會更放心向父母傾訴。這個時候家長需要對孩子遇到的問題作出引導及協助，例如多關心孩子的立場和想法：「我很明白你現在的心情，你是否覺得……，因為……？」多嘗試了解對方的感受和想法，然後描述觀察和聽到的事情。這樣與子女建立關係後，便逐步引導他們建立一套解決問題的方法及技巧。因為孩子日漸長大，父母不能一直在身邊，他們亦需要一套屬於自己的處理衝突的方法。

　　達納・卡斯帕森（Dana Caspersen）（2015）提出了一種自然的表達方式，大家可以教導孩子：當（觸發性事件）發生時，我感覺（當下的情緒），因為（我的需求或利益）對我真的很重要。你願意（考慮一種可行的做法）嗎？

參考資料

CASEL (2019). *What is SEl*. Retrieved from https://casel.org/what-is-sel/ on 26-5-2019.

Caspersen, D., & Elffers, J.(2015). *Changing the Conversation: the 17 Principles of Conflict Resolution*. London: Profile books Ltd..

Rahim, M. A. (2002). TOWARD A THEORY OF MANAGING ORGANIZATIONAL CONFLICT, *International Journal of Conflict Management*, 13(3), 206-235.

陸洛（2017）：〈害怕衝突？不如積極「管理衝突」〉，《哈佛商業評論》全球繁體中文版，檢自 https://www.hbrtaiwan.com/article_content_AR0007316.html。檢索日期：2019.5.25。

四

向未來世界進發
的　　重　要　能　力

理財能力

何振聲先生

為甚麼要孩子學會理財？

大家曾否經驗過，月尾才發現孩子用電話「課金」，令自己損失慘重？

又有否試過星期一才給予孩子整個星期的零用錢，三天後他們就「捲土重來」？

在2018年，我就中三至中六年輕人的理財習慣進行調查。當中約七成同學（920位年輕人）聲稱自己明白理財之道，亦有制訂個人預算與儲蓄的習慣。然而只有一成同學實際詳細記錄個人支出，同時超過六成同學經常（兩個月內）出現超支的問題。我發現年輕人理財有兩大問題：第一是「知易行難」，他們明白理財的重要性，但對管理財富卻「闊佬懶理」；第二是「儲不抵債」，同學未必是「月光族」，但基本上挺不過兩個月就要動用儲蓄資金。近年學校及媒體都開始教授相關的理財知識，但孩子卻偏偏明知故犯，實在令人摸不着頭腦。

話雖如此，作為家長的我們何嘗不是與年輕人一樣？自孩子出生以後，事事以孩子為先，只要對孩子有益，我們不介意揮金

如土。試問有多少家長仍有記錄家庭消費的習慣？至於家庭戶口有多少儲蓄及資產，可能都只是心裏一個約數。更甚者，有時可能支出大於收入，我們仍懵然不知。看來，培育孩子及年輕人的理財能力，並非一個育兒的課題，而是纏繞家庭及孩子一生的重大議題。

個人理財的六個主要元素

我曾任中學商科教師，在中四的課堂上提到股票的投資技巧，學生們聽得如癡如醉。誰知數天後，便有家長反映，兒子向他們索取二萬元買股票……

我從來沒有想過年輕人的資金會如此雄厚，更令我反省作為老師及家長，我們應該教孩子甚麼。經過多年失敗再嘗試的經驗，若要培養孩子及年輕人的理財能力，免除他日深陷於理財泥沼，我明白到需要協助孩子掌握理財能力六大重點，分別是理財目標、認識收入、控制支出、定期儲蓄、建立保障及投資策略。除投資策略外，其他都是孩子入讀大學前能培養的理財能力。

無可否認，我的教學經歷令我對教授投資有所顧忌，質疑自己是否過早教授投資技巧，還是同學太「早熟」，認識後便坐言起行。過往的經驗，令我認為大家應該等孩子讀大學時，才開始向他們傳授投資策略。支持我這個論點的原因主要有兩個，分別是「尚未就業」及「知識不足」（歐陽豔蓉，2016）。首先，有穩定收入並能承擔一定風險的人才有資格參與投資，而孩子尚未有收入，何以「未學行先學走」，學習金融產品買賣？其次，投資最令人困惱

的是專業知識。諾貝爾經濟學獎得主Kahneman（2011）曾經研究一批「專業的基金經理」，他比對基金經理的投資與大市的結果，發現「專業的基金經理」所得的回報與擲骰子所得的命中率是沒有分別的。他的例子給予家長一個很大的啟示，專業人士的表現亦不見突出，而孩子由幼兒至中學時期都沒有接受分析環球市場及公司表現的訓練，我們更不應該過早鼓勵孩子參與投資。相對而言，為孩子打好理財價值根基，為其增進豐富的理財知識，再分享投資者應有的正確價值觀，對孩子日後投資更有幫助。

培養孩子學會理財的原則

其實孩子對理財理論的掌握可能比家長更高，因為坊間有不少理財教育的講座及遊戲都已滲入學校教學之中。可是，學校推行理財教育多年，卻成效不彰。主要原因不在於對理財認知不足，而在於孩子缺乏探索及實踐的機會，也欠缺深度反思個人理財習慣。故此，若要提升孩子對理財的認知及加深反思理財習慣的能力，我們需切記培養理財能力的四大原則（Huston, 2010）：

（一）探索：這是最基本及必須的要求，「理財」說穿了就是一種生活技能。我們要讓孩子有機會探索理財與日常生活密不可分的關係，必要時可以製造合適的場景，增加孩子探知理財與生活關係的機會。

（二）知識：孩子要對六大理財能力有一定認識，才能對自己的理財習慣進行批判思考。所以我們在適當時候，就要把握機會傳

授相關知識。至於教授的內容，本文下半部分將會提及。

（三）經歷：理財並非抽象的學術理論，而是需要在生活中應用的。為此，我們要給予孩子體驗的機會，只有多次的嘗試與實踐，孩子才會養成習慣。

（四）反思：人往往從錯誤中學習，但理財更重要的是向「做對」的行徑學習。在實踐的過程中，我們要讓孩子反思「做對」和「做錯」了甚麼，從而強化正確的行為，使其成為習慣。

理財由幼兒時期做起 —— 認識收入的來源

為人父母，最難離難捨的時刻，莫過於早上上班與孩子分別之時。而年幼的孩子亦不明白，我們為何天天一大清早就離家出走。既然認識收入是理財的第一步，與其教幼兒數錢，不如借分離這難得的機會，用刻骨銘心的時刻，讓孩子認識「因為付出了，才有收入」的基本道理。大家可以帶孩子到自己工作的地方，讓孩子探索及體驗每個人都有自己的工作崗位，更要孩子明白到世間沒有不勞而獲的道理。當得到收入時，我們主動和孩子分享收入到來的喜悅，並引導孩子聯繫生活上所有物質都是辛勤工作的回報。

學會自理的初小學生 —— 「嘟」一聲的迷思

孩子自升讀小學，到小賣部買零食增加了消費的機會，學會控制支出便成為一大課題。由於孩子會留校一整天，為求方便，父

母都會安排儲值卡讓孩子在小賣部消費。然而，魔鬼在細節，儲值卡的便利，正是孩子養成對支出「闊佬懶理」的元兇。俗話說「針唔拮到肉唔知痛」，現在的小孩不再像家長兒時般，每天早上小心翼翼放好零用錢才上學；他們沒有感受過在學校小賣部購物時，由錢包心痛地取出十元紙幣，並永久消失的慘痛過程。相反，儲值卡令孩子對金錢的概念變得模糊，他們以為錢就是「嘟」一聲和數字上的減少。在過往的教學生涯中，我曾遇過同學在小賣部以八達通大量買入零食，宴請班內好友。孩子有如此膽大的行為，是因為儲值卡的自動增值服務太便利，即使因花費過多被爸媽責罵，但錢用盡後會再出現的印象卻已深深印在腦海，他們會誤以為錢是用之不盡的。這不是美麗的誤會嗎？我認為大可以取消孩子的自動增值服務，每次都要親自用現金增值，令他們明白到八達通並非用之不盡的真像。

當然，較有系統的方法，是由每天上課的零用錢入手，教育孩子量入為出的概念。我還在就學時，母親用了類似的策略，令我學會花費的痛。她在每年開課前，就打聽校內小賣部及文具書簿的價格，再計算早餐及午餐的費用，每天給我適量零用錢。雖然，她在教授我理性消費的過程上完全忽略了我的參與及反思，但無可否認僅僅夠用的金額，令我學會事事先作規劃，養成謹慎消費的態度。要培養孩子在消費上養成謹慎的態度，大家可以請孩子記錄自己一個星期在校內的消費情況（探索），再以提問的方式與孩子分清哪些支出是「需要」和「想要」（反思），然後與孩子一同制訂每日消費與收入的預算（知識），並以現金的方式支付零用錢，好讓他

們感受真正的消費（經歷），明白消費有上限的道理。當然，我們亦要定期與孩子回顧收支情況，調整零用錢的多寡（反思）。對孩子而言，錢在錢包才是自己的，這使他們更懂得珍惜。錢在儲值卡，説穿了就是父母的，多花了亦毋須心痛。就讓消費回歸昔日，好好體驗「真消費」吧。

有規劃的高小學生 —— 由學會消費到學會儲蓄

從小到大，不論是老師或父母，都常叫我們積穀防饑，並鼓勵我們每天儲一到「豬仔錢罌」，希望我們養成儲蓄習慣。雖然不知儲錢的目的為何，但我們在最初的數個星期，都總會期待能等到錢罌滿瀉之日。而最奇怪的是，在我們整個童年時期，「豬仔」好像從未試過滿瀉。到底，當年的錢都花到哪裏呢？

到現在，我們為人父母，又要孩子學會積穀防饑。可悲的是，現在的孩子和當年的我們一樣有心無力。探究箇中原因，就是沒有值得儲蓄的動力。對小孩來説，積穀防饑以備不時之需，是既抽象又「離地」的道理。當孩子遇上心頭好時，很快就抵不住誘惑，向「肥美的豬仔錢罌」打主意。所以，我們要擊中孩子的需求，為他們訂立一個具吸引力的理財目標，推動他們養成儲蓄的習慣，並訓練他們成為精明消費者。

百貨應百客，大家需求各異，但購買書籍、文具或玩具可能是最好的誘因，為孩子訂立儲蓄的目標。首先，父母先和孩子討論他的需要（反思），要求孩子列出「需要」和「想要」的原因及列明

物品的用途，令孩子明白是次消費的重要性。然後請孩子為是次消費目標做資料搜集（探索），在父母的指導下（知識），讓其知道「貨比三家」、「閱讀產品說明」等消費者責任。再由孩子說服家長儲蓄目標的金額，在討論的過程中要孩子爭取訂立雙方認可的儲蓄方案（經歷），要他們知道只有合理的金錢及時間付出（義務）才有適當的回報（權利）。經過一番努力後，當儲蓄達到目標金額時，切記把整個消費流程交由孩子負責。因為那份達成儲蓄目標，再用現款消費的喜悅感，正是強化孩子明白及養成儲蓄習慣的關鍵，亦是我們日後說服孩子儲蓄的根據。同時，亦讓其再次明白錢在錢包才是自己的這個道理。眼看辛苦付出後要全數把儲蓄換取產品時，那份心痛的滋味會提醒他們消費要三思而後行。

有承擔的中學生 —— 為人生各大風險做準備

有人誤以為，中學是完全放手讓子女自立的階段，但事實並非如此。其實，十多歲的年輕人尚未有收入，但社交開支卻日益上升，例如補習班、流行服飾、朋友聚會等，全都花費甚巨。對我們而言，子女的支出可是家庭一大負擔。所以，中學時期正是讓年輕人明白他們有責任為家庭盡一分力的階段（陳思宇，2016）。為此，我們需要培養子女有保障生活穩定的危機意識。透過訂定孩子的零用錢入手，和孩子分享家中經常性開支的資訊（例如繳交水費、電費及租金）（探索），讓他們明白自己的支出也是家庭負擔的一部分（反思）。在分析現有財務狀況後，與子女一同預測未來

的開支及家庭潛藏的危機（例如生病、失業等），再傳授個人如何應對這些風險的經驗（知識）。

當中，保險是必須提及的內容，原因有二：

（一）人生有太多不穩定因素，若因突如其來的風浪，耗盡個人儲蓄，就會嚴重影響子女的人生規劃，所以，他們有必要知道如何建立財務保護網，為自己及家庭負責任。

（二）孩子在學校完全沒有機會理解何謂保險。但是當他們年過十八時，自然會有身邊的人開始向他們推銷保險。因此，在中學階段協助子女明白如何透過保險建立保障，是最合適的時刻。

由於保險涉及個人需要，所以父母可在子女中學階段時，分享自己購買保險的經驗及考慮，讓孩子理解如何選擇合適的保險產品（鄧楚依，2016）。我們可以請孩子先分析各保險產品的功能（探索），然後分享自身經歷的同時（經歷），請孩子分析及提出優化自己過往決策的建議（反思）。再請孩子按家庭各成員的年齡需要，建議合適的保險組合（知識），例如在職人士要購買危疾保險等。雖然，整個過程孩子都沒有金錢上的參與，但了解家庭負擔及為家庭潛藏風險分憂，可提高孩子理財的危機意識。透過着重孩子的參與為原則，讓他們體驗肩負保障家庭的責任，對孩子養成謹慎消費的觀念及他日自力更生必有幫助。

理財是指態度　而不是技巧

兒時，父親經常對我說：「窮人有窮人的困難，富人亦有富

人的開銷，富貴與否在於你如何處理。」我一直以為他指的是高超的投資技巧。然而，在過去十多年的理財教育生涯中，最令我感受深刻的是投資技巧高超的人，往往不善理財。雖然他們憑自身專業在股票市場上獲利豐厚，卻經常跑到月薪比自己低數倍的理財顧問面前請教理財之道。反觀那些在中學時已建立正確理財價值觀的同學，他們雖然收入平穩，但卻財政獨立，早早為各自的人生目標做好理財準備，不用為錢財困擾。在他們的經歷中，我理解到想財政獨立、過上舒適的生活，除了需要有掙錢的能力，更需要學會真正的長期投資。我們投資的，並不單指股票或基金買賣，而是在當下養成良好的理財態度，不過分消費、不貪婪、明白自己所需並及早規劃人生。與其學習投機取巧，不如學好理財之道。理財就是生活常識，就讓我們開始協助孩子為人生做好長期投資的準備吧。

給家長的話：

1. 孩子要學會理財六大能力：理財目標、認識收入、控制支出、定期儲蓄、建立保障及投資策略。
2. 有時孩子知道的比我們多，只是欠缺經歷與反思。
3. 年幼階段是明白付出與回報的好時機。
4. 讓孩子明白儲蓄的重要，並需感受「用錢」的痛。
5. 保障家人生活人人有責，讓年輕人一同規劃家庭財務吧！

參考資料

Kahneman, D., & Egan, P. (2011). *Thinking, fast and slow* (Vol. 1). New York: Farrar, Straus and Giroux.

Huston, S. J. (2010). Measuring financial literacy. *Journal of Consumer Affairs*, 44(2), 296-316.

歐陽豔蓉（2016），〈大學生理財問題及教育引導策略研究〉，《當代經濟》，（05），頁66–67。

鄧楚依（2016），〈高中生學習金融理財知識的途徑探討〉，《現代經濟資訊》，（17），頁265。

陳思宇（2016），〈淺談當代中學生理財習慣的現狀及對策〉，《財經界》，（14），頁98–98。

企業家精神

何振聲先生

為何全球都在推廣企業家精神？

　　每年都有不同的媒體定期提醒我們，將來會有甚麼職業因科技的進步而自動消失。縱觀人類歷史，我們由最初的勞動性工作，到部分的專業技術工種，再發展至現在的數據分析等高階思維的職業，人類好像真的會因為科技出現而流失就業的機會。而近年，全球各國政府都力推企業家精神（Entrepreneurship），不少人指出這一舉動，就是為了減低國民就業的問題。與其就業不如創業，刺激國家經濟發展。然而，有兩點需要認清，創業並非只屬於找不到工作或收入不穩定的人所做的傻事，而企業家精神更非只局限於形容企業家。各國首腦絕不會盲從如此狹隘和不太可行的想法；相反，他們應該是看重企業家精神的特質（Abdesseiam et al., 2018）。

　　企業家精神所指的，是一個人會在自己的知識或事業基礎上，認清事業的願景。透過不斷挑戰自己加以改進，令自己保持一定的競爭力，從而成就夢想。在現今的社會，不論你是企業家或員工，只要欠缺在工作崗位上創造自己事業的動力，就會被社會淘汰。其

實反觀人類的歷史，從來都沒有科技取代人類，只有欠缺企業家精神的人被取代而已。例如遠在一百年前，汽車的普及取代了人力車或馬車，但人們成功轉型為司機。又如近二十年大量會計簿記改為電腦自動操作，部分簿記員成功轉型，以會計師身份為公司分析及提供顧問服務。從這些自古到今的例子可見，如果我們希望孩子能在科技新世代一直保持競爭力，就要好好培育他們的企業家精神。

「任何人」都需要有企業家精神

其實，「任何人」都可以是企業家。雖然企業家通常被定義為：透過自身的能力及意願，有組織地尋求創造價值的機會，並且設法付諸實行的創業者（Kirzner, 2015; Robbins et al., 2005）。但是近數十年，企業家精神已經廣泛應用到每一個擁有以上特質的人。學者發現，擁有企業家精神的人主要有五個特質，分別是懂得尋找機會、具有創意思維、願意承擔風險、擁有組織能力及做事堅持不懈。他們會通過對社會的觀察，尋找社會大眾的根本需要（尋找機會）。然後運用本身的專業知識及創意（創意思維），計算成功的可能性（承擔風險），並主動嘗試組織身邊有限的資源（組織能力）解決社會上的困難。當中可能遇到無數的挑戰，但他們都會盡力克服（堅持不懈），直至成功為止（Antoncic et al., 2003; Cunningham et al., 1991; Gawke et al., 2017；王麗平、李乃秋，2010；熊銀平，2015）。可見，企業家精神是指一個把夢想化為創意，再用實踐化夢想為個人事業的過程。在香港符合以上條件的名

人多不勝數，例如一田百貨前行政總裁莊偉忠，把個人經營的理念展現在工作崗位上，帶領一田走上高峰。又如鮮魚行學校前校長梁紀昌，憑個人的熱情及創新，改變學校的逆境及幫助有需要的學童。所以，不論你身在任何崗位，即使是一名普通的職員，只要有以上特質，都可以成為公司或自己行業內的出色企業家（並非指創業）。

培養未來企業家的原則

做到夢想的工作，是每個人都希望的。相信大家和我一樣，都希望孩子能夠具備以上能力，協助他們未來在千變萬化的社會中迎難而上，達成自己的夢想。可是這些涉及個人的態度與能力，斷斷不是一兩次暑期班或特別的活動就能訓練得到。我們不難發現，傳媒提及成功企業家的個人習慣時，都發現他們有極具規律的生活模式，而日本亦有研究指出，企業家精神的培養明顯與生活習慣有一定關係（Gunnarsson, & Josephson, 2011）。所以要培養孩子具備以上能力與態度，家長擔當重要的角色，更應着重四個培養企業家精神的必要學習過程（White et al., 2007；樓高行，2012）：

（一）賦權：放膽讓孩子有自主權（尋找機會），去挑戰自己完成任務，並承擔一切後果（承擔風險）。

（二）經歷：鼓勵孩子實踐自己具意義及可行的創新想法（創意思維）。

（三）協作：強調每次經歷都要與人協作，令孩子知道協調社

交能力是成功必不可少的元素（組織能力）。

（四）反思：建立一套有系統的反思模式，讓孩子不斷修正及強化自己實現目標的策略（堅持不懈）。

與此同時，為配合四個潛移默化的原理，家長在家中要扮演兩個重要的角色，藉此加強孩子堅持不懈的特質。

（一）戰友：要孩子長時間集中，並完成自己的任務是極具挑戰性的。我們要有時刻成為孩子戰友的準備，在身邊激勵他們，確保孩子投入其中。

（二）守護神：孩子的想法很多，而在實踐的過程中會不斷出現變數。所以我們要在不影響孩子自主探索的情況下，隨時為孩子提供有助決策的資訊與知識，讓孩子作出正確的抉擇。

在「創意思維」的章節中，我們將會討論培養孩子尋找機會及創意思維的方法。現在，就讓我們集中討論如何培養孩子承擔風險、組織能力及堅持不懈的態度。

願意承擔風險的熱情　由初小開始培養

大家何時開始，不再在課堂上舉手？中學？小學？

在課堂上舉手有很大的風險 —— 我們有機會答錯，沒面子及被人笑；答對了，又被人說認叻，所以從來沒有人願意為低回報高風險的舉手行為踏出第一步。其實，企業家精神的承擔風險，和大家的舉手行為有異曲同工之妙。承擔風險是指根據眼前的機遇，對環境及方案作詳盡分析，在平衡利弊後才採取行動。這既是果敢的決

斷力，亦是踏出人生事業必要的第一步。大家在孩子幼兒及小學時期就可以開始訓練他們成為冒險家，因為小孩是最喜歡嘗試及不怕失敗的一群。大家可以回想兒時上課搶答的情境，在中學裏基本上沒可能看得到。為此，在孩子還小時，應集中培訓他們權衡風險的能力，再鼓勵他們嘗試走出第一步。

首先，大家要建立一個安全的「犯錯環境」予孩子。幼童喜歡探索事物的本質，所以他們有時會把玩具拆開，想知道每次拆開物件後，會有甚麼結果。雖然他們的行徑未有考慮到後果，但我們應善用這心態，為孩子提供一個實驗安全區。在這個範圍內，即使有毀壞玩具的可能，改組或拆散玩具等行為是容許的（賦權）。前提是大家預早已和孩子解釋清楚，玩具有報廢的可能。當孩子每次因改組或拆散（經歷）而得到意想不到的收穫時，記得明確指出他們成功的原因（反思），加以獎勵。不論改組成功與否，我們都與孩子一同重新組裝玩具（協作）。除了訓練共同協作的技巧，更要令他們知道對任何嘗試都要有承擔。日子有功，孩子便會懂得先計算，才開始他的改組實驗，做個有個承擔的冒險家。到中學時期，我們就可重複兒時培養承擔風險的流程，只是目標由改組玩具變成發展個人興趣，鼓勵他們按自己的性向，嘗試不同的課程或事物，讓探索及嘗試的熱情，一直留在他們心中。

提升組織能力　由高小學會與人相處

「學會做人，比學會做事更重要。」

大家身邊總有一些同事，他們能力可能並不出眾，從來不認為自己適合做統領，但卻善於調配資源，加上同事願意和他們共同奮鬥，讓他們慢慢爬到事業的最高點。這類善於協調人事及資源的「統籌」，正正表現了企業家精神中的「組織能力」。組織能力的定義遠比社交能力廣及深，社交能力主要着重與人相處的技巧，從而理順人與人之間的互動；而組織能力是包含社交能力的同時，個人更能透過深思熟慮，然後動用身邊的資源，包括人際網絡、金錢、物資及資訊等，把所有資源發揮協同效應，完成自己的任務。我們可在孩子到高小及中學時，訓練他們這方面的能力，因為他們開始有自己的想法，同時亦懂得別人的感受，這時是塑造孩子組織能力的好機會。

要培養組織能力，就要由家庭活動開始，我們可以在孩子還在高小時，讓他們扮演統籌的角色。一年之中，必然有大量的家庭活動，例如旅行、郊遊、日常消費娛樂等。大家可以用團隊形式，要求家中每一個人輪流負責為事情做準備。以旅行為例，可事先和孩子商討行程的期望與目標（賦權），再明確提出各事項要求，並請大家按個人所長分配工作（協作）。在進行過程作出輔助及指引（經歷），當活動完結後，我們會和孩子分享梳理及反思過程可取及有待改善之處（反思）。孩子最初雖然只是參與者，但耳濡目染下，透過親身體驗及我們在反思上的指引，他們會大致知道組織的技巧。到中學階層，我們就可賦權讓孩子組織相關的家庭活動。

按上述原則，培養以上能力需要恆常訓練。由於孩子已經歷過與家人一同組織活動，因此父母可鼓勵子女多參與組織班會活動，

讓他們有機會與同儕協作。在孩子籌備班會活動的過程中，大家只需在家擔當激勵者的角色。切記，活動的成效並不重要，因為學生之間的互動變數太多，我們難以控制子女是否能夠完全掌握組織的技巧。為此，我們應着重提醒孩子參與公眾活動的意義及提供適當資訊，鼓勵他們不論是活動統籌或成員，都要做好自己的角色（反思），成為有貢獻而又善於與人相處的好隊友，因為子女不一定每次都是做領袖。

磨練堅持不懈　由建立強大後盾開始

我們不能否認，人總希望聽到符合自己意願的說話，才有為目標奮鬥的動力。兒時，我們經常得到家人及老師的鼓勵，讚賞我們的進步與成功。但到中學、大學甚至工作，基本上讚賞是愈來愈少；反倒是發現現實環境的困難愈來愈多，成為我們裹足不前的根本原因。即使你的夢想多大、計劃多周詳，最終都會因眼前失敗例子太多，令人不敢想像第一步，缺乏尋找機會的勇氣，不敢踏出承擔風險的第一步，更挺不過之後要堅持不懈地走下去的路。既然我們控制不了別人如何對待我們的孩子，我們就得培養孩子學會堅持不懈的精神，來面對別人的不認同及嘗試新挑戰。我們能夠為孩子做的，就是社群的支持（戰友及守護神）及建立常規。

迪士尼・彼思動畫《玩轉腦朋友》中，主角能跨過困境，是因為她有父母和自己共同擁抱失敗。其實，逆境永遠會登門找你，而在困境當中，再多的讚賞都會被負面情緒蓋過。孩子需要的，是父

母及朋友的體諒，是一個可以休息再上路的中轉站。為此，我們可主動了解及認識孩子的生活圈，邀請孩子的好友出席家庭活動。只要平日打好厚實的信任關係，孩子就有信心面對挑戰，在困難之時與信任的家人和朋友分享。社群的支持通常不是為了幫助孩子解決問題，而是以戰友的身份激勵孩子擁抱失敗，再次重新出發，是一種經歷與自我反思的機會。

而建立常規與堅持不懈看似風馬牛不相及，但這正是以行動培訓堅持不懈精神與實際解難能力的機遇。面對解決不了的挑戰時，人需要經歷一些可見的進程，才有信心一步步解決問題。若苦無進展，很快便會失去方向及陷入混亂。所以我們應與孩子建立一些生活上的常規，讓孩子看到在可見的將來是有進展的（經歷），例如手工製作、日記寫作甚或課業練習與做家務等，只要可展示進展，都可令人感到付出與回報有關連，使他們更安心（反思）。這亦解釋了為何成功人士的工作縱然堆積如山，但仍井然有序，因為他們都有清理書桌及規劃時間的常規習慣；他們無時無刻都知道，在可見的將來，自己可以完成甚麼事項。

家長要學會放手

培育孩子擁有企業家精神、不斷接受新挑戰的觀點，與傳統教育觀念大相逕庭。過往我們所學的，都是提醒我們要「求穩定」。為此，在現今百物騰貴、工作朝不保夕的時代，我們都為孩子安排最好的教育，呵護備至，希望他朝孩子能收入穩定有保障，達到

「安穩度日」的目標，若能獲得「鐵飯碗」更是最好不過。但請大家反思，當我們不斷灌輸這種概念時，是否在限制他們人生的視野與成就。到孩子長大、年老後，他們回首人生勞碌數十年，才發現自己一直留守在原地，從未挑戰自己、走出世界；甚或他們因視野不足、欠缺遠見而早被社會淘汰，失去所謂的「安穩」。這就是我們對孩子最好的安排嗎？所以，在多變的世代，我們能給孩子最好的，只有培養他們成為懂得求變、有決心嘗試及懂得善用資源的人。讓他們能有堅持到最後的毅力，開拓屬於自己更高更遠的天地。家長們，就讓我們一同放心，讓孩子闖一闖，找個人的新天地吧。

給家長的話：

1. 「任何人」都可以是企業家。
2. 企業家透過自身的能力及意願，有組織地尋求創造價值的機會，並且設法付諸實行。
3. 還記得舉手嗎？在孩子還小時，應集中培訓孩子權衡風險的能力，再鼓勵他們嘗試踏出第一步。
4. 會做人，也要會做事。由家庭活動開始訓練。
5. 我們改變不了別人如何看我們，但我們有社群及律己的精神支持。

參考資料

Abdesselam, R., Bonnet, J., Renou-Maissant, P., & Aubry, M. (2018). Entrepreneurship, economic development, and institutional environment: evidence from OECD countries. *Journal of International Entrepreneurship*, 16(4), 504-546.

Antoncic, B., & Hisrich, R. D. (2003). Clarifying the intrapreneurship concept. *Journal of small business and enterprise development*, 10(1), 7-24.

Cunningham, J. B., & Lischeron, J. (1991). Defining entrepreneurship. *Journal of small business management*, 29(1), 45-61.

Gawke, J. C., Gorgievski, M. J., & Bakker, A. B. (2017). Employee intrapreneurship and work engagement: A latent change score approach. *Journal of Vocational Behavior*, 100, 88-100.

Gunnarsson, K., & Josephson, M. (2011). Entrepreneurs' self-reported health, social life, and strategies for maintaining good health. *Journal of occupational health*, 1103110177-1103110177.

Kirzner, I. M. (2015). *Competition and entrepreneurship*. University of Chicago press.

Robbins, S. P., & Coulter, M. (2005). *Management*. Pearson Education, Inc., Delhi.

White, R. E., Thornhill, S., & Hampson, E. (2007). A biosocial model of entrepreneurship: The combined effects of nurture and nature. *Journal of Organizational Behavior: The International Journal of Industrial, Occupational and Organizational Psychology and Behavior, 28*(4), 451-466.

王麗平、李乃秋（2010）：〈內創業人力資源管理研究綜述與展望〉，載《管理學家》（學術版）第4期，頁2。

熊銀平（2015）：〈淺論科研院所內企業家的培育〉，載《科研》第3期，頁76。

樓高行（2012）：〈開發企業家精神教育校本課程的探索與實踐〉，載《教書育人》第17期，頁16。

解難能力

李泰開博士

為何要學習解決問題？

現在，很多人都討論為甚麼孩子愈來愈不懂得解決問題，遇到困難時，都只會衣來伸手、飯來張口。還記得在我年少時，父母都忙於工作糊口，當遇到生活上大大小小的問題時——比如家中突然停電，都只能自己面對，從小就學習如何解決問題。有研究指出缺乏良好解決問題能力的兒童，將來會有較高風險患上抑鬱及自殺（Becker-Weidman, Jacobs, Reinecke, Silva, & March, 2010）。在二十一世紀的社會，事物會不斷推陳出新，孩子要有良好的學習技能，才可以不斷進步。根據Michael Fullan（2013）的說法，解難能力是未來社會六項主要技能（6Cs Future Skills）之一，透過進行解難活動，可以促進我們的深度學習。

我們可以從兩方面去了解解難能力，當孩子處理難題時，首先他們要有願意投入精神去面對問題的正面態度，運用已有的或學習新的知識去提出不同的可行解決方法，並能判別不同方法的利弊，選出合適的方法解決問題。另一方面，他們要懂得綜合運用各種基礎思維技巧、知識、技能去計劃及執行解難任務。例如當孩子上學

途中，突然發現忘記帶備當天所需的文具時，他們一方面先要懂得冷靜面對當時的情況，想一想當刻需要處理的問題是甚麼（即上課時須要有適當的文具），另一方面要從自己有限的知識、經驗去思考有甚麼方法可以解決這個問題（檢查自己有沒有可以用作替代的其他文具、考慮有沒有足夠時間回家取回等）。

其實，解難能力是每一個兒童與生俱來的天賦能力，當他們有解決問題的需要，就會運用他們的方法處理問題。正如嬰兒肚餓的時候，都會利用哭鬧去尋求母親的餵哺；當孩子漸漸長大，他們就懂得去尋求父母的協助。可是，如果孩子只會依賴其他人的幫助去處理問題，就難以發展解難能力。為免孩子變得依賴，家長要幫助他們建立自主面對問題的態度，鼓勵他們在生活的事情上思考處理的方法，比如在幼童時期，可以引導他們收拾玩具；上學後，鼓勵他們自行整理書包等，藉此培養解決問題的習慣。這樣，他們才能變得更有自信、更獨立，遇到困難的時候就不會容易放棄，會更有毅力去尋找合適的解決方法。

家長可以做甚麼？

在學習解決問題的過程當中，孩子需要逐步成長，我們要對子女解決問題的能力有信心。正如大人一樣，孩子每天都會面對不同的問題，當他們期待去達成或得到一個結果時，就會產生「問題」。對知識和經驗比較豐富的家長來説，孩子面對的問題當然可以輕易解決，但對孩子而言，這一種心理困境卻正正是推動他們自

己嘗試解決問題的機會。家長毋須第一時間協助他們把問題都處理得妥妥當當，否則他們只會視家長為解決問題的捷徑，因而減低自我解決問題的動機。反之，可以利用這些日常生活中的不同情境作為訓練孩子的解難機會。例如當孩子丟失或摔破了物件，家長只需從旁引導他們想出合適的解決方法，讓他們自己動手去處理問題。

一、提供合適的解難機會

如果進行解難活動，只是為了學習解難能力，這樣不但會令孩子覺得沉悶，學到的解難方法與技巧也難於轉移應用於其他方面。要提供適合學習解難的機會，家長可以從孩子有興趣或感到有需要解決的問題着手，有意義的難題才能促使他們思考，使他們更加願意解難，並增強他們的動力去處理問題。

·大小問題的處理

問題有大有小，需要的解難能力也不盡相同。有些要解決的問題可以是非常簡單，例如「決定要用甚麼方法記錄事情」這種事，孩子只需有一些相關的經驗及知識，例如運用紙筆或智能電話的經驗，很可能瞬間即可把「問題」處理好，毋須有甚麼特別的步驟或方法。但有一些問題，孩子要經過思考才可以解決，例如招待同學到家中玩耍時，須要預備的足夠的食物，他們要考慮的不單是食物的數量，還要考慮分配方法、各人的口味等等。在這些情境中，他們須要運用已有知識，並要按實際情況提出方法，這就更適合作為

練習解決問題的機會。

・處理的要訣

可是，每個人在處理問題時都只有有限的認知能力，當孩子處理的問題超越了他們的認知能力負荷，就無法有效思考，因而阻礙他們學習，他們可以成功解難的機會就必然會降低（Van Merrienboer, Kirschner, & Kester, 2003）。在面對一個較為複雜的問題時，孩子可能容易被一些表面而較為次要的事情分散注意力，而未能聚焦於問題本身。家長們可以從旁以提問的方式幫助孩子釐清問題的輕重緩急，指出哪些是問題的核心、哪些是比較次要的。例如當安排一個生日會時，有些孩子可能會過分聚焦於禮物、食物的種類，卻忽略了活動時間、地點等的重要性。家長要幫助他們把模糊的「大問題」分解成為一系列的「小問題」，引導他們針對「小問題」提出解決方法，逐一解決。例如當製作蛋糕時，家長可以先向孩子提問製作蛋糕的步驟，讓他們從預備所需的材料及用具開始，每次只聚焦處理一個步驟，按次序逐一完成製作的過程。對於年紀較大的孩子，家長也可以對他們提出的想法給予意見，例如提出可否改變材料的種類，以果仁替代乾果，幫助他們從不同方面去思考問題，從而刺激多角度思維。

二、示範解決問題的方法

父母是孩子最早的學習對象，所以父母面對難題時的態度、情

緒的反應、使用的方法，都會對他們有很的深遠的影響。因此，我們可以藉着與孩子進行一些動手做的活動，向他們示範如何解決問題。與年幼孩子可以做一些Lego、模型等活動；年紀稍大的孩子，可以與他們共同製作或維修一些家中的用品。父母可以一邊做，一邊跟孩子説明他們在做甚麼、為何這樣做、用甚麼方法。在過程中，他們不單可以示範不同的操作或製作技巧，還可以讓孩子觀察父母處理問題的步驟及態度。

我們亦可以讓解決問題成為家庭的一種文化，在日常生活中，互相交流處理問題的方法。例如與年幼孩子閱讀故事的時候，每當故事人物遇到需要解決的困難時，可以停一停，讓孩子想想如何處理，又或請他們幫助故事人物想出其他的處理方法。當家中有物件損壞了，可以請孩子提出他們的處理方法，並嘗試以他們所提的方法維修。在時事新聞中遇到一些孩子可以理解的社會問題——如環保等議題時，可以多與孩子討論，鼓勵他們嘗試從不同角度提出意見或行動，並嘗試一家人共同執行。通過這樣的互動交流，既可以幫助培養孩子對問題的敏鋭性，又可以增進父母與孩子之間的感情。

三、練習解決問題

「解決問題」是要運用既有的知識、經驗、技能，加上創造性思維及行動。家長可以與孩子從處理一些性質較為簡單的小問題開始，即一些孩子可以單純從舊有知識及經驗中尋找處理方法的問

題，例如孩子曾經用膠水將紙張黏好，他們就可以很容易處理相似的問題（Jonassen, 2010）。當問題較為複雜時，例如製作一本筆記簿，要將一疊紙張黏在一起，孩子未必可以單從過往的知識及經驗直接處理，家長則可提示他們將舊有的知識及經驗（如塗膠水的過程及位置）轉化（如將膠水按次序塗於紙張的某一位置），又或尋找新的知識（如試用不同的黏合劑或釘裝方法），嘗試以新的方法解決新問題帶來的變化。

正如鍛練身體一樣，解決問題的技巧也需要不斷練習。家長可以隨時隨地與他們進行一些需要思考的活動及遊戲，好像在外出郊遊時，可利用身處的不同環境，提出問題與孩子互動，例如在沙灘時，家長可以以堆沙為題，與孩子比賽提出將沙堆得又高又大又快的不同方法，然後一起實行。要提升孩子解決問題的能力，他們亦需要發展新的技能，家長可以鼓勵他們發掘新的興趣，在興趣中學習新的技能，也可以學習從不同的角度去看問題。

另外，合作處理問題能夠幫助孩子產生解決問題的策略。當孩子願意與他人共同去處理問題，就更容易發現更多更好的方法。即使大家想到的並非最好的方法，由於他們在解決問題時能夠共同討論作出決定，他們就可能學習到新的、不同的方法，促使他們繼續思考（Hanko, 2016）。因此，家長不妨把一些任務交給孩子共同去處理，例如一家人到郊外燒烤時，可以讓孩子合作生火，讓他們在不斷嘗試及再嘗試中產生更多解決問題的可行方法。

對家長的建議

在孩子面對困難時，父母需要有耐性和謹慎的指示，或許他們會有錯誤失敗的時候，父母的鼓勵和體諒就更不可或缺，盡量鼓勵及讚賞孩子解決問題的努力。在日常生活當中，多邀請孩子幫助我們去處理一些生活上的事情，小至放好餐具、收拾物件，大至計劃旅遊行程，透過共同處理這些生活上的事情去練習解難，並可從中得到來自父母方面的鼓勵，增加他們解決問題的信心。

給家長的話：

1. 建立正確的解難態度比操練解難技巧更為重要。
2. 要在生活中為孩子提供解難的機會。
3. 要花時間與孩子共同解決問題，示範解決問題的方法。
4. 培養孩子養成動手做的習慣，鍛練解難的技巧，並發展新興趣。
5. 要鼓勵及讚賞孩子解決問題的努力。

參考資料

Becker-Weidman, E. G., Jacobs, R. H., Reinecke, M. A., Silva, S. G., & March, J. S. (2010). Social problem-solving among adolescents treated for depression. *Behaviour research and therapy*, 48(1), 11-18.

Fullan, M. (2013). *Great to Excellent: Launching the Next Stage of Ontario's Education Agenda*. Retrieved from http://www.michaelfullan. ca/wp-content/uploads/2013/09/13_Fullan_Great-to-Excellent.pdf.

Hanko, G. (2016). *Increasing competence through collaborative problem-solving: Using insight into social and emotional factors in children's learning*. David Fulton Publishers.

Jonassen, D. H. (2010). *Learning to solve problems: A handbook for designing problem-solving learning environments*. Routledge.

Van Merrienboer, J., Kirschner, P., & Kester, L. (2003). Taking the Load Off a Learner's Mind: Instructional Design for Complex Learning. *Educational Psychologist*, 38(1), 5-13.

創意思維

何振聲先生

創意思維 —— 自孩提時期開始就擁有

「Lalala~Hello!大家好,今日我想同大家分享MTR玩具……」

在家瀏覽手機的星期天下午,我看到四歲的兒子面向黑色螢幕電視,扮演YouTuber分享玩具「開箱」心得。沒有鏡頭、沒有觀眾,更沒有音樂,說實在,場面有點冷清。但我想了又想,可能在他的幻想中,他是擁有大量觀眾及剪接一流的YouTuber,只是我想像力不足,所以看不見而已。我不禁反省,自己是由甚麼時候開始,失去這些「創意」?

的確,孩子的創意,遠比成年人高。在他們的創意思維中,「沒有做不到的事,只有不想做的事」。今天,他扮演科學家;明天,他可能是巴士司機。其實,這些創意與幻想,一直都在我們每一個人的心中,只是在成長過程中,我們逐漸發現自己的創意既不獨特又難以實現,經過多次的挫敗,選擇放下創意與幻想並面對現實。

但試想想,Steve Jobs、Elon Musk、Richard Branson,他們的創意真的獨一無二嗎?事實上,iPhone的構思早在電腦推出時已

有人想到，Tesla的動力系統在多年以前就已經確立。看來，他們的創意好像不比我們的特別。但這些成功的企業家跟我們不同的是，他們都像小孩子，對創意思維永遠存在執着，他們透過學習到一些點子，然後不斷思考如何善用這些點子來實踐或解決某些問題。

創意是一個思考的過程

創意是一個既學術又廣泛的用語，一般而言，創意可定義為原創性、靈活性及相關性的具體表現（沈翠蓮，2015）。原創性是指人對既定習慣的懷疑與否定，從而提出全新的方案；靈活性是指人能夠就舊有事物，從各個方面和角度自由思考及評鑒；相關性是指人能夠針對事物或問題，提出應對的方案。

若要培養孩子擁有以上三個重要元素，我們就需要明白創意是一個結合原創性、靈活性及相關性的思考過程。這過程是由挑戰現有的習慣或問題（原創性）開始，透過重整多方面的資訊（靈活性），從而提出應對的方案（相關性）（Kirkham et al., 2009）。本節我想集中與大家討論如何既培養孩子對創意存有熱情，又能協助他們建立創意思維的能力。

家長是燃點孩子創意熱情的關鍵

在一次訪問中，諾貝爾物理學獎得獎者天野浩被問到為何有如此多的創意，設計不同的研究方式去完成工作，他滿懷感恩地感謝

媽媽，指出自上學開始，媽媽每天都問他一個相同問題：「你今天有向老師提問一個好問題嗎？」

　　的確，要培養孩子掌握創意思維，大量研究都指出家長要做到三個要點（Galton, 2019; Sonic Rim, 2001; Wright et al., 1987；張弦，2018；吳海燕，2006）：

　　（一）尊重孩子：創意本身就是源於對舊事物不斷提出質疑（原創性）。只有讓孩子學會敢於發問，才能激發他們對創意的熱情。因此當孩子對家中大小事項都有奇怪的想法時，即使在我們眼中可能不合情理，但我們有責任去聆聽他們的想法。

　　（二）學懂「玩」：要培養多角度思維（靈活性），就要讓孩子有機會嘗試以不同的方法處理同一個問題。但現實生活中，能讓孩子參與重要解難的機會真的很少。所以我們要讓孩子學會「玩」，同一款玩具及遊戲可以有無數遊玩可能性，就由他們自己設計及解釋如何玩，藉以培訓思維的靈活性。

　　（三）鼓勵自立：創新意念的來源，大都來自對日常生活的體驗及對問題的探索（相關性）。若生活一直風平浪靜，事事由旁人協助，孩子就會停止思考如何解決問題，對創新的熱情亦會減退。所以當孩子遇到問題時，宜鼓勵他們自己解決。

　　請留意，以上三個要點有共通元素，就是由孩子主導，自行處理。而在我的教學及學習過程中，眼見具創造力的人，都是懂得自己嘗試及照顧自己的人，足見自立的重要性。就讓我跟大家分享培養孩子創意思維的心得。

提升原創性 源自對生活的體驗

人若不挑戰現有的，便找不到創新的意念。

仍記得中學時，設計與科技科老師教導我們，一切創意的原創性，是建基於我們能否跳出舊有的思維框框。嘗試挑戰及評鑒日常生活看似理所當然的事，並思考所有潛藏的新方法，是訓練創意思維最根本的方法。事實上，舉凡故事、文藝創作及近年熱門課題「STEM」等，原創性都是其核心所在。若不加以磨練挑戰現有思維的技巧，實難有今天所見的偉大藝術作品及創新科研。所以，學會創意思維的第一步，就是要孩子學會從生活中找出新的「問題」，亦即挑戰舊有的心態。可惜現在有關訓練創意思維的學科（STEM相關科目），大都是各施各法。在創意訓練成為真正學科前，看來要靠家長一同努力培養孩子相關的能力。

其實，孩子在認定「問題」的能力上，比我們任何一個大人都要好。因為對他們而言，大多的事物都是全新的。在沒有現有框框的限制下，他們會不停地問「點解」，試圖挑戰現有的做法。所以，與其我們經常扮演專家角色講解實際操作，不如請他們一同探索一些有意義的主題，讓他們提出更多的「問題」（尊重孩子）。

要令孩子能夠在有意義的主題中探索「問題」，較簡單易辦的就是讓孩子走進自己的社區開眼界。現今的家長因工作需要，都身不由己地把育兒的責任交到工人姐姐或自己的父母手上。每到星期天，家長都會帶孩子到不同的商場或兒童樂園讓他們放鬆一下。家長可把握機會，帶孩子往街市、社區中心或公園走走，真真正正和

他們一起走進社區。當大家選定主題後，就可以開始鼓勵孩子挑戰現有的做法（尊重孩子的原創性）。以街市購物為例，我們在菜店或魚店購物後，帶孩子到街市的公秤前，講解設立公秤的目的是防止市民受騙（呃秤），再教他們使用公秤的方法。再一同反思，到底還有多少人會使用公秤，會不會有更聰明的方法代替這陳舊的方法，而又可以教育市民做個精明消費者。

其實，現實生活有很多類似以上習以為常的例子，只要我們主動和孩子交流，鼓勵他們對現有事物提出質疑，孩子就可能有更多嶄新的想法（原創性）。所以，就讓孩子在我們的引導下，一同從日常生活中梳理不同「問題」的本質，從而了解及體驗我們在生活上的不同需要，尋找原創性的靈感。

提升靈活性　源自掌握資訊的多寡

創意需要多角度的思維（靈活性）的配合，看似十分簡單，但要做到多元思維需要有豐富的基礎知識作支持。只有透過大量的知識輸入，才令孩子能以不同的角度模仿及改造，形成新的解決方法。情況就像「天下文章一大抄」的原理，孩子若從不記下出色的文章，又何來建立豐富的知識資料庫？若沒有這資料庫，他們又怎能嘗試模仿他人的筆觸和風格（靈活性）創作自己的篇章？因此，若要培養孩子的創意思維，家長便要協助孩子建立知識資料庫。

建立知識資料庫的方法有很多，在上一部分「原創性」提及的了解社區就是其中一個方法。惟時間有限，我們總不可能終日跑到

街上進行探索活動。故此，另一個有效的學習方法，就是鼓勵孩子向別人請教、閱讀及看有意義的視像，從中知道世間存在多樣解決問題的可能性（建立資料庫）。閱讀及提問是較為傳統及廣泛接受的方法，但提及視像，相信大家都會憂心看手機及電視的弊處多於其好處。在這裏，請大家回想我開首提到兒子的YouTuber遊戲。聰明的家長一定想到，我平常是容許孩子在家看YouTube的。我和太太的想法很簡單，世界這麼大，何不讓兒子了解世界各地的小朋友在玩甚麼，讓他學習別人怎樣玩，如何玩才算聰明，這是我們為孩子建立富靈活性的資料庫的方法。再者，電視及手機的資訊比現有的書本更新、更貼近生活，更能連繫到孩子的生活及興趣。回想我兒時看的新聞特輯，到現在還歷歷在目。有些在電視上學到的道理及常識，到今天仍在引導我從不同角度思考如何處理問題（靈活性）。可見，手機及電視可算是孩子建立個人知識資料庫的重要工具。要完全杜絕視像，既不太可行，又有點小題大做。相反，我們要做的是控制孩子看多少和看甚麼（學懂「玩」），切勿因噎廢食。

當孩子有能力找到創新的缺口（原創性）及具備大量相關知識時（靈活性），就是培養他們學會腦震盪，嘗試針對創新缺口提出解決方案（相關性）的好機會。

提升相關性　源自有效的腦震盪

每次面對難題要想出新意念時，就會有人提出用腦震盪

（Brainstorming）的方法。其實腦震盪並非只是解難，它更是創新思維的模式。整個流程就是找出問題（原創性）、重整資料庫內多方面的資訊（靈活性），從而提出應對的方案（相關性）。可見，腦震盪是由原創性、靈活性及相關性三個主要元素組成的。

雖然腦震盪以三個主要元素組成（原創性、靈活性、相關性），而且有不同的實踐模式，但較適合孩子的，應當是以「合體」遊戲來啟發他們的創意（學懂「玩」及鼓勵自立）。在交代如何培育孩子走過腦震盪流程前，容許我先講解何謂「合體」。「合體」是指一些技術或工具，被強制結合以解決問題的方法。舉例，火車的發明，就是車輪與蒸汽機的結合；智能手機，就是電話與電腦的合體。現今我們所見的創意產物，其實大部分都是合體的結果。

當大家明白「合體」的原理後，不妨觀察一下孩子每天玩玩具的習慣。不難發現，他們其實都是玩「合體」遊戲的專家。孩子都喜歡全部玩具放在一起，同時間玩不同的玩具，而這種習慣其實正正為「合體」遊戲造就大好機會。我們可以在他們遊玩遇到問題時，提示他用「合體」來解決困難（學懂「玩」及鼓勵自立）。讓我舉一個幼兒玩「合體」遊戲的例子，來引證每個孩子都有能力做到「合體」這個腦震盪的方法。我的兒子十分喜歡MTR，但我們家有車無站，所以我提出：「我們欠車站呢。」兒子很快就取出Lego，自行搭建車站，並把Lego人放在車內做乘客。他在沒有父母的指導下（鼓勵自立），嘗試以「合體」的形式創造一個自己的交通玩具系統（學懂「玩」），可見孩子天生就是「合體」遊戲的專家。

家長可能會疑惑，我們又應該如何和孩子一同玩呢？

　　從我和孩子玩遊戲的例子可見，我們需要具備三個元素，分別是多元、場景及投入。首先，玩具的組合需要多元，以便孩子創作不同的組合。其次是場景，我們有時要為孩子打造一個故事場景，令他們有創作的背景。兩者都是孩子日常玩遊戲必備的事物，但最後及最重要的還是投入。我們有必要把自己投入到故事角色之中，因為孩子在玩遊戲時，都喜歡有「人」的參與。玩樂最愉快之處，是人的互動，若把遊戲變成任務，一切都變得失色。當三者具備時，我們就可以開始「合體」遊戲。

　　當然，以上的例子未能有效地培養創意。因此，若想有系統地訓練孩子的創意思維，大家可參考以下方法。（切記，腦震盪的前提是我們一直有和孩子一同找問題及建立資料庫的習慣，否則「合體」遊戲就難以實踐。）

　　首先，我們可以為日常生活中的一些「問題」，提出需要改善的地方（原創性），以此作為遊戲的題目。

　　然後，由家中各個成員各自隨意把心中想到的事物寫出來（例如電話、電力、跑車），他們想到甚麼就寫甚麼。這些事物可以與問題有關或無關，直至大約寫滿五十個詞語。（整理資料庫）

　　最後，每人在五十個事物裏抽兩個，並強行把它們合體（靈活性），思索如何用這個新意念解決問題，並向在場的人講解如何做到。整個意念可以天馬行空，只要能解決你們心目中的問題就成立（相關性）。

過程須以鼓勵為先，即使可行性不大，也要欣賞子女的嘗試（尊重孩子）。

雖然整個遊戲看似不切實際，透過不同的合體，嘗試找出新的可行方法。但得要提提大家，本篇開首提到具有創意的成功企業家，他們的創意其實大都源於「合體」。而大多國際企業在培訓員工創意時，「合體」遊戲基本上都是必然出現的。可見，以「合體」遊戲培養孩子的創意思維，實在不失為一個好方法。

再次提醒 —— 創意源自熱情

培育創意思維，是既廣泛又複雜的任務。要同時提升原創性、靈活性及相關性，基本上沒有一套既定的流程。大家可以先培育相關性或靈活性，甚或是三者並行。但培育的重點，始終在於以尊重、鼓勵學習及自立來激發孩子的熱情。

回想我們經常羨慕無數以創意改變世界的人，他們有豐富的學養（靈活性），勇於挑戰現有的思維（原創性），更能大膽嘗試創新意念（相關性），最終換取偉大的成就。然而，在羨慕他們的同時，我們要明白，他們的成功正是建基於對創意的熱情。有時他們的創意其實在腦海中已經失敗，在修正之後再實踐；有時他們的創意是在實踐中觸礁，在收集別人的意見及個人的反思後再嘗試。但他們對創意實踐的執着，驅使他們不放棄，並獲得成功。而我深信他們能夠對創意思維有如此熱情，與家長自小就尊重嘗試、鼓勵玩得愉快及自立有一定關係。

讓創意成就香港孩子的未來

回歸現實，想想在香港這高效城市長大的我們。在過去的數十年，我們在考試制度下長大，並成家立業，成為新一代的家長。我們深明勇於挑戰現有的思維（原創性），大膽嘗試創新意念（相關性），在標準化的考評制度下未必能夠相容。同時，過往家人及學校向我們灌輸的，是大學畢業以後就得找穩定的工作，建立小康之家，這就是我們共同追求的成就。老實說，我是既認同又憂慮的。但是，請大家回頭看看2017年的彭博創新指數，香港（排名第三十七）連續兩年被新加坡（排名第六）大幅拋離。直接地說，就是因為我們走得太極端，趨向鼓勵孩子尋找穩健的工作，繼而慢慢放棄對知識及創意的探求，以至香港日漸失去優勢，產業單一發展。如此下去，不是社會淘汰我們的孩子，而是我們的社會因為跟不上國際的步伐而被淘汰，屆時所有人都是輸家。也許，就是現在，由我們自己開始，為孩子注入創意思維這雄厚資本，為他們將來踏上國際競爭舞台做好準備。

給家長的話：

1. 沒有做不到的事，只有不想做的事。
2. 創意思維可定義為認定問題（原創性）、資料重整（靈活性）及尋找答案（相關性）的具體表現。
3. 培養孩子的創意思維，要尊重孩子、鼓勵自立及學懂「玩」。
4. 在感受生活的過程中找問題，在問題中挑戰現有的思維，找出創新的意念。
5. 為孩子建立知識資料庫。
6. 創意很多時是由「合體」得來的，一同去玩吧！

參考資料

Galton, F. (2019). The Nature and Nurture of Creative Genius. *The Creativity Reader*, 291.

Kirkham, P., Mosey, S., & Binks, M. (2009). *Ingenuity in practice: A guide for clear thinking*. University of Nottingham, Institute for Enterprise and Innovation.

SonicRim, L. S. (2001). Collective creativity. *Design*, 6(3), 1-6.

Wright, C., & Fesler, L. (1987). Nurturing creative potential: A model early childhood program. *Creative Child and Adult Quarterly*, 23(4), 263-271. 12(3), 152-161.

Wright, B. L., Counsell, S. L., Goings, R. B., Freeman, H., & Peat, F. (2016). Creating access and opportunity: Preparing African-American male students for STEM trajectories PreK-12. *Journal for Multicultural Education*, 10(3), 384-404.

沈翠蓮，（2015）：《創意原理與設計》，台北：五南圖書出版股份有限公司。

張弦，（2018）：〈青少年創意思維開發與程式設計教育結合方法的探索〉，《好家長》，（81），頁 67。

吳海燕，（2006）：《10 個培養孩子創造力的關鍵》（Vol. 2），飛翔時代。

責任編輯　張佩兒
裝幀設計　鍾文君
排　　版　鍾文君
印　　務　林佳年

迎接未來的四大能力——家長與孩子一起踏上成功之路

主　　編　石美寶　李子建　姚偉梅

出　　版　中華書局（香港）有限公司
　　　　　香港北角英皇道499號北角工業大廈1樓B
電　　話　（852）2137 2338
傳　　真　（852）2713 8202
電子郵件　info@chunghwabook.com.hk
網　　址　http://www.chunghwabook.com.hk

發　　行　香港聯合書刊物流有限公司
　　　　　香港新界大埔汀麗路36號
　　　　　中華商務印刷大廈3字樓
電　　話　（852）2150 2100
傳　　真　（852）2407 3062
電子郵件　info@suplogistics.com.hk

印　　刷　美雅印刷製本有限公司
　　　　　香港觀塘榮業街6號
　　　　　海濱工業大廈4樓A室

版　　次　2019年7月初版
　　　　　2019年12月第2次印刷
　　　　　© 2019 中華書局（香港）有限公司

規　　格　32開（210mm×150mm）

ISBN　　　978-988-8573-62-2